Challenges to Human Resource Investment

DILEMMAS and SOLUTIONS

人材投資のジレンマ

守島基博
Motohiro Morishima

初見康行
Yasuyuki Hatsumi

山尾佐智子
Sachiko Yamao

木内康裕
Yasuhiro Kiuchi

日本経済新聞出版

人材投資のジレンマ

Challenges to Human Resource Investment
DILEMMAS and SOLUTIONS

守島基博　初見康行　山尾佐智子　木内康裕
Motohiro Morishima　Yasuyuki Hatsumi　Sachiko Yamao　Yasuhiro Kiuchi

日本経済新聞出版

はじめに

日本企業の人材マネジメントは、大きな転換点にある。

本書の著者として名を連ねている4人は、そうした認識を共有している。年齢がいっているというだけで執筆者の先頭に名前が挙げられている守島が大学院を修了し、研究者の道を歩み始めた1980年代中ごろには、日本企業の人材マネジメントは、世界から注目をあびていた。わが国の経済的繁栄が、労使関係や雇用システムと関連しているのではないかという推論が盛んになされ、「In Japan……」と言えば、それだけで多くの人が耳を傾けてくれた時代でもあった。

でも、それは過去の話である。序章で詳しく述べるように、わが国の人材マネジメントは、様々な環境変化にさらされ、輝きを失い、有効性が問われるようになっている。このシステムのために、わが国の企業は競争力を失い、働く人はモチベーションを失い、エンゲージメントを下げているという議論もある。直近で騒がしく議論されている「ジョブ型雇用」に対する関心も、こういう状況に対する漠然とした不安が背景にあるのだろう。

そうしたなかで、こうした変化に打ち勝ち、わが国の人材マネジメントを、企業・組織および働く人の幸せのために再生するには何が必要なのか。そうした問題意識から生まれたのが本書である。

きっかけとなったのは、公益財団法人日本生産性本部の研究会活動であった。そのなかで、日本国内および米国西海岸の企業インタビュー調査を通じ、企業が何を行っているかを観察し、3時点の大きなパネル調査を行って事実を積み上げながら、各々考え、メンバーで議論した結果が本書である。

本書では、ジョブ型雇用への転換のような大提言はしていない。その意味で、大がかりなシステム提案を求めている方から見ると、少し物足りないかもしれない。だが、ここでは現在の仕組みを少しずつ変えていくために、どういう点を考えるべきかが議論されている。また個々の提案は、今回の調査（インタビュー調査とパネル調査）にもとづいている。

私たちの願いは、企業や組織の方々が、提案にあるような地道な変革を通じて、わが国の人材マネジメントのあり方を、少しずつでも変え始めてほしいということである。再度世界が注目する人材マネジメントモデルにならなくてもよい。企業・組織に貢献し、働く人を幸せにするシステムになるために……。

人材投資のジレンマ　目次

序章　今、私たちは人材投資の転換点にいる

第1章

今でも日本企業は人材に力を入れていると言えるのか？

第4章

スキル面の能力開発だけでは生産性は上がらない
——マインド面への投資がカギ

第5章

組織づくりのための投資のすすめ

——人材育成としての組織開発

終章 人材投資改革の方向性

序章

今、私たちは人材投資の転換点にいる

- 現在、労働人口の減少、経営戦略の変化、価値観の変化、新型コロナウイルスの感染拡大など、経営を取り巻く環境が大きく変化しており、企業の人材マネジメントを考え直さないとならない時代となっており、いくつかの変化とジレンマが起こりつつある。
- ひとつは、外部労働市場に開かれた人材マネジメントの積極的活用である。ただ同時に、内部労働市場による人材マネジメント（企業内での人材育成、内部公平性を意識した賃金決定など）にも利点はある。
- さらに、人材育成やキャリア開発を個別化し、多様な人材が企業のなかで活躍できる体制も重要である。ただ、そのためには、働く人の自律を促さなくてはならず、離職増大のリスクも出てくる。
- 人はココロを持つ存在であり、人材マネジメントの個別化・外部化に伴って、マインド面の重視が、エンゲージメントを高めるためのカギとなってきた。
- さらに、これらの動きは、組織を弱体化する可能性があり、人材が活躍するための「舞台づくり」である、組織開発も重要になってくる。

1　人材投資を取り巻く変化

現在、企業経営のあり方や経営を取り巻く環境が大きく変化しており、企業の人事管理のあり方を考え直さないとならない時代となっている。人材マネジメントに直接の影響を与えるという観点では、大きく4つの変化が考えられよう。

労働人口の減少

まず第1に労働人口の減少がある。例えば、よく知られているように、総人口のうち15歳以上65歳未満の人口を生産年齢人口（生産活動に従事し得る人口）と定義した場合、わが国では、２０１７年の６５３０万人に対し、２０２５年の時点で６０８２万人、２０４0年にはさらに５２４５万人にまで減少すると見られている。単純な言い方をすれば、わが国は今後かなり長い間、潜在的に人手不足の時代だということである。

もちろん、労働力の需要は景気にも影響され、短期的に人手不足の厳しさも減少するこ

図表１　人手不足企業の割合（2022年７月時点）

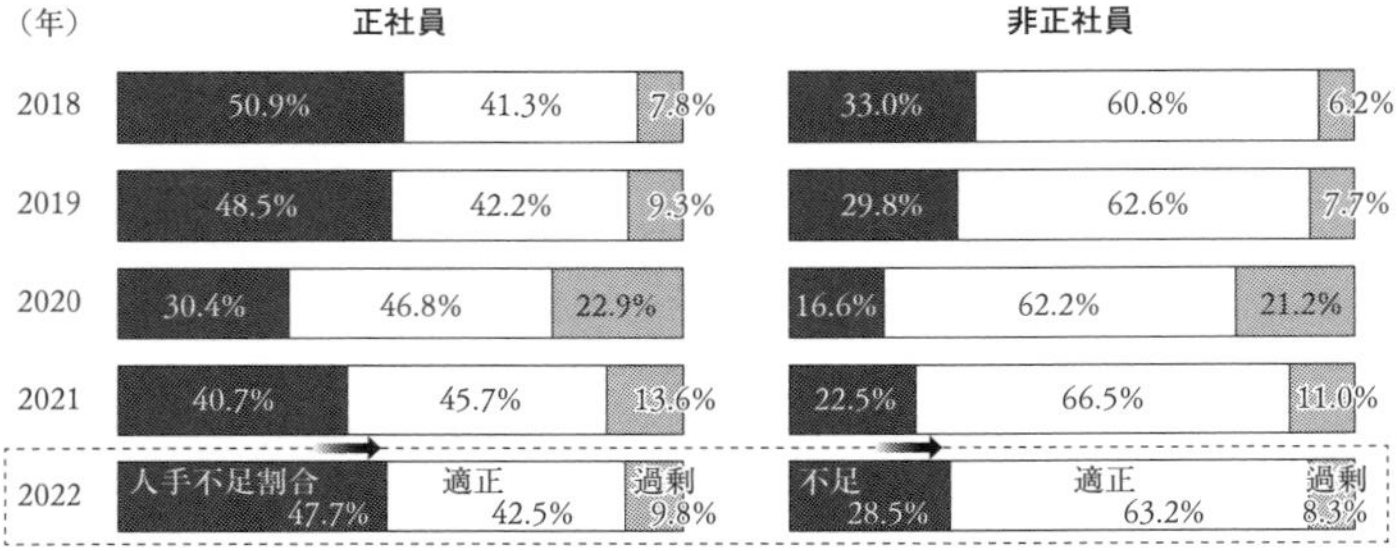

（出所）帝国データバンク（2022）「人手不足に対する企業の動向調査」

ともあるだろう。また長期的には、ＡＩ（人工知能）やＩＴ（情報技術）などにより一部の労働需要の代替も進むだろう。さらに直近では、コロナ感染の拡大とそれに伴う景気の落ち込みにより、労働需要が減り、人手不足は改善の兆しを見せた。

だが、ポストコロナで経済活動が再開し、労働力需要が復活するときが来ても、基本的に労働人口供給の状況は変わらないのである。実際、これを書いている時点に最も近い２０２２年７月の帝国データバンクの調査によると、企業の訴える人手不足の状況は、ほぼ、コロナ禍前の２０１９年の水準に戻っている（図表１）。

こうしたなか考えるべきなのは、個別の企業を見た場合、供給される労働力の総量は、生産年齢人口の総量だけで決まるのではないということである。別の言い方をすれば、マクロ環境での労働力減少のなかで、個々の企業に豊富な人材がいるという状況は、いくらでも考えられるということである。周りの企業が人材不足に悩んでいても、人材投資のあり方を工夫し、意欲が高い人材を惹き付け、維持する企業は存在し得るのである。

魅力ある企業では、多くの人材が働きたいと思うだろう。労働力の総量が減るなかで、こうした企業になっていくために、何ができるのか。人材投資のあり方の変革が必要な第一の理由である。

戦略・経営環境の変化

次に、各企業が注目すべき変化は、自社を取り巻く戦略または経営環境の変化である。前項でふれた労働人口の減少は、全体的に人が足りないという人手不足を起こす可能性のある変化である。だが、より深刻なのは、人手不足ではなく人材不足である。

人材不足は必ずしも人手不足と同じではない。人材不足とは、自社の戦略達成のためや会社の競争力の源泉である人材の不足である。人材マネジメント論では、その企業の競争力や他社との差別化の源泉となるような人材を「戦略人材」と呼んでいる。つまり、戦略上必要な人材である。こうした戦略人材が十分に確保できていない状態が、人材不足である。

逆に考えれば、社内に人手は十分あるが、達成すべき戦略を担う人材が不足しているという事態も考え得るのである。単なる人手であれば、ＡＩ等による代替も可能だろうし、景気が悪くなり、労働需要が減れば、ある程度緩和されるだろう。だが人材不足は、仮に労働供給が好転してもなくならない。

もうひとつ理解してほしいのは、ここで言う人材とは、単によく言われる経営層や優秀層人材ではなく、その企業の競争力の源泉となる人材群のことであることだ。例えば、ある企業の差別化の源泉が、現場で働く質の高い人材に依存しているとすれば、そうした人材が不足するとき、人材不足と言える。その意味で、アルバイトやパート人材が戦略人材である可能性もある。そうした場合、人事部門としては、現場人材の確保と活用のための施策やその現場での運用を戦略的に行うことが必要なのである。

だが、求める戦略人材は、企業の経営戦略が変化すれば、変化する可能性がある。新たな戦略により、これまでと違った能力、スキル、マインドセットを持った人材が求められるのである。そのため、経営環境の変化により企業の経営戦略が変わる今、新たな人材が

図表2　人材と仕事の雇用ミスマッチ（2015年対比）

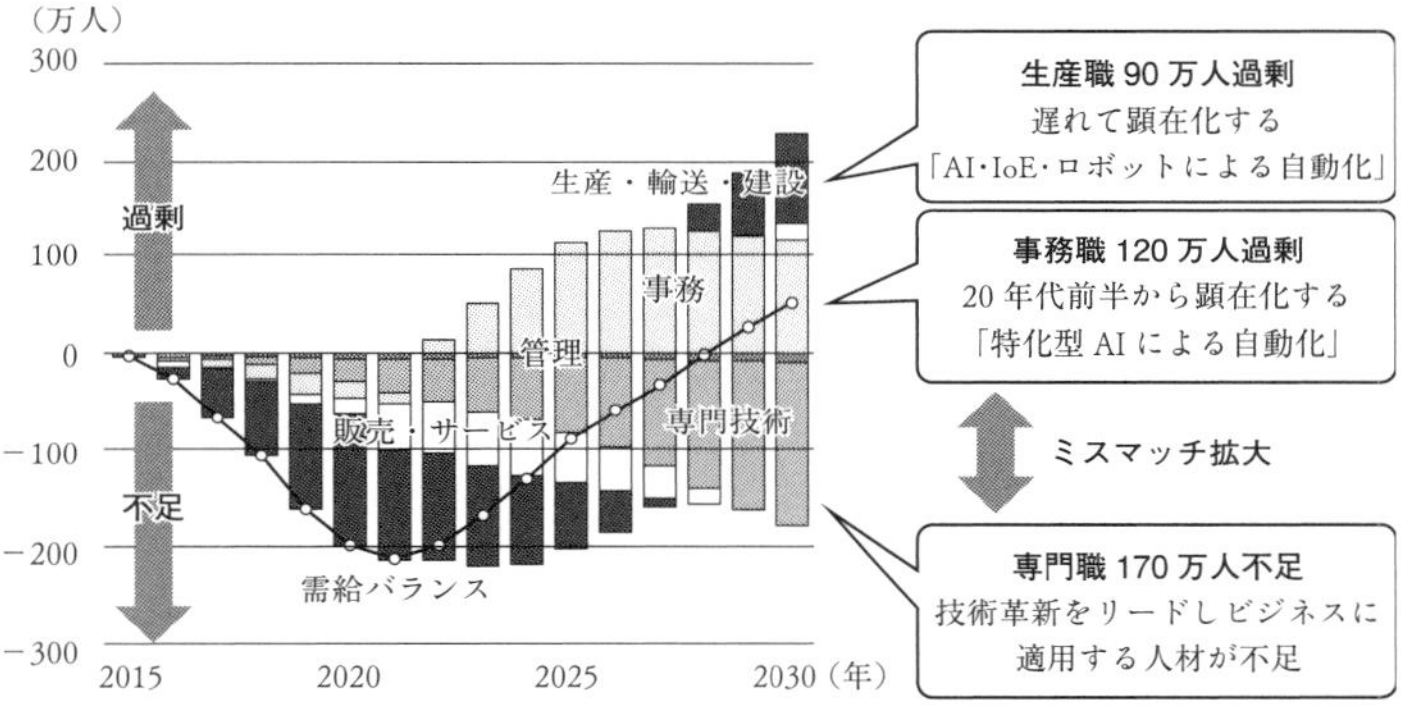

（出所）三菱総合研究所（2018）「大ミスマッチ時代を乗り超える人材戦略　第2回人材需給の定量試算：技術シナリオ分析が示す職の大ミスマッチ時代」

必要になり、こうした人材を供給するための人材マネジメントを実施していかなくてはならないのである。

ちなみに、三菱総合研究所は、図表2に示したように、2030年までに、主に技術革新によって、人材と雇用機会が大きくミスマッチを起こすことを推定している。生産職や事務職が大きく減少し、専門職の需要が増加して、ミスマッチが起こるという予想である。

多くの企業で、現在確保されている人材は、過去の戦略への最適化の結果として蓄積された人材であり、新たな戦略や事業に適合的な人材ではない。例えば、国内でのビジネス展開が競争戦略の中心であった時代に、それに適合する形で採用または育成された、国内で活躍できる人材は、経営のグローバル化という新たな戦略には適合しないのである。

現在、騒がれているDX（デジタル・トランスフォーメーション）なども含め、新たな技術の経営における活用は、現在進んでいる経営戦略転換の一部である。図表2に示されているのは、上記のような意味での戦略転換による人材不足の姿と言ってもよい。そのほかの事業や経営のグローバル化や事業ドメインの再定義など、他の経営戦略シフトも考慮すると、こうした人材不足（人材ミスマッチ）は一層大きくなることが予想される。

そのため、戦略が変化しつつある今、多くの企業が人材不足に陥っている可能性がある。経営環境やそれに対応するための戦略の変化は、新たな人材を必要とし、必要な人材を確保するには、戦略の変化に対応して、人材マネジメントのあり方を変革していかなくてはならないのである。

人の変化

ややや文学的な表現を許してもらえれば、もともと「人はココロを持つ資源」である。人のココロが目標に向かっているとき、その人は通常よりも大きな価値を発揮する。逆にコ

図表3　働くうえで重視していること

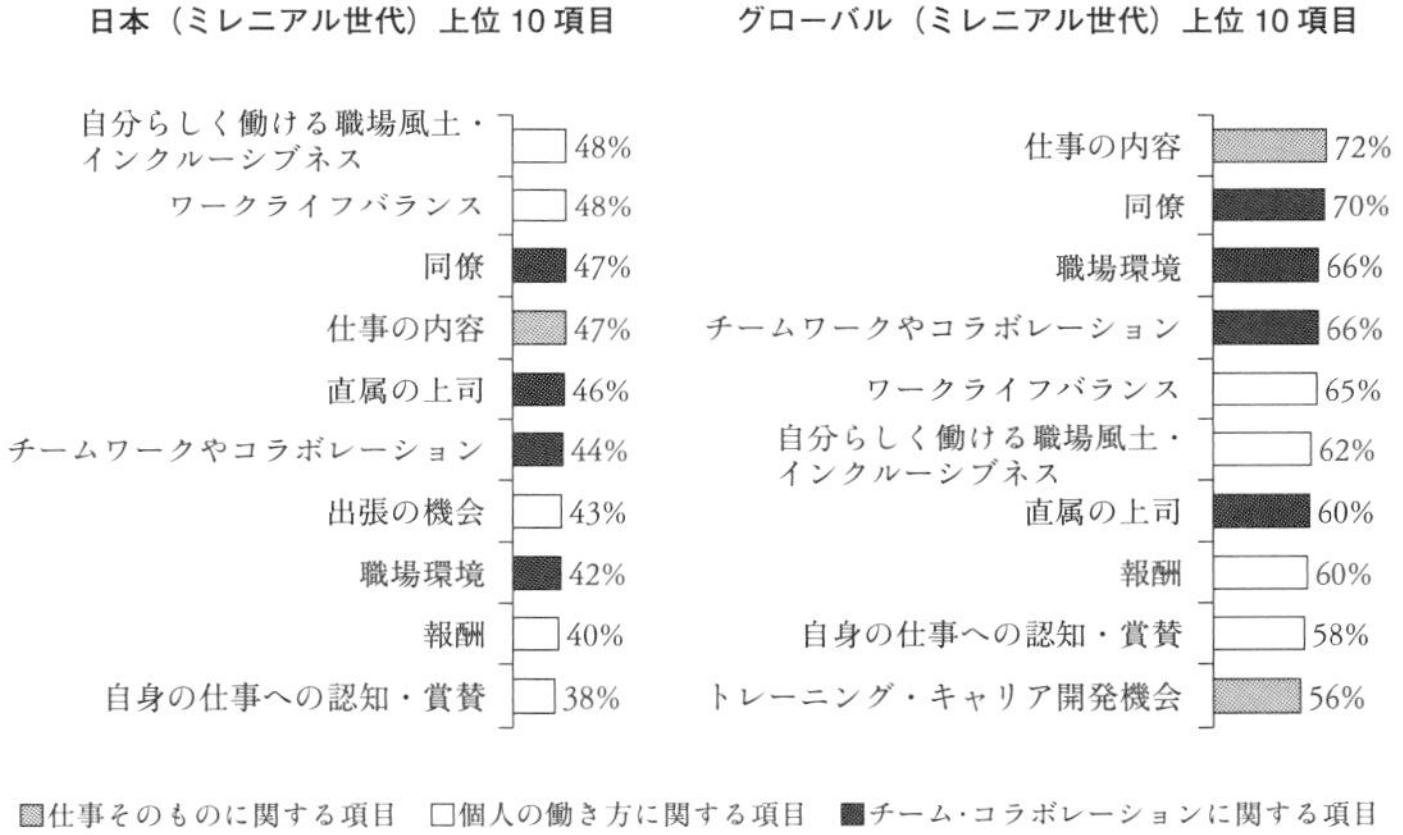

（出所）デロイトトーマツグループ「ミレニアル年次調査2020年版」

コロが落ち込んでいるときや目標に向いていないとき、人の価値は大きく減損される。人材マネジメントの大きな役割は、人のココロを仕事や目標に向けさせることである。流行りの言い方をすれば、ワークエンゲージメントを高めることなのである。

だが、現在、働く人のココロの基盤が変化している。2019年に行われたデロイトトーマツグループの調査（図表3）によると、日本人だけに限った場合、いわゆるミレニアル世代（調査の定義では、1983年から94年の間に生まれた働き手）が、働くうえで重視している項目は、第1位が「自分らしく働ける職場風土・インクルーシブネス」であり、「ワークライフバランス」「同僚」と続く。それに対して、グローバルで見ると、第1位が「仕事の内容」であり、「同僚」「職場環境」と続く。日本人の働き手は、仕事の内容や一緒に働ける仲間よりも、自分らしく働ける環境やワークライフバランスなど、安心して働ける場面を求めている感がある。

海外のミレニアル世代は、「仕事の内容」を一番重視する項目として挙げているのである。さらにデロイト調査の結果をみると、「仕事そのものに関する要因」や「チーム・コラボレーションに関する内容」が仕事上重視する要素なのである。もちろんデロイト調査は、世界35カ国で行われた調査であり、海外の調査国には多様な状況の国が含まれている。こうした比較がどれだけ妥当性があるのかは不明である。

ただ、ここから得られる示唆は、現在の働き手が持っている労働や働くということに関する価値観は、現在の人材マネジメントの仕組みができあがった頃に主流だった価値観とは違ってきている可能性があることである。

さらに、もうひとつ理解しておいていただきたいのは、こうした価値観を持つミレニアル世代（とそれ以降）の働き手が、労働人口で大きな割合を占めるようになる日が近いことである。人材マネジメントは、こうした新しい価値観を持つ人たちを戦力にしていかなければならないのである。

人に納得してもらい、ココロを入れ込んでもらわないと、経営に貢献する人材は確保できない。人材の確保と活用は、人のココロを捉えないと不可能なのである。人のココロ（価値観）が大きく変化するなか、こうした働き手のマインドを確保していくための方法や施策も変化するだろう。ココロを捉えることが、極めて重要な人材投資、人材マネジメントの課題となってきた。

新型コロナウイルスの感染拡大

さらに、2020年前半から働き手を取り巻く状況は大きく変わった。言うまでもなく、新型コロナウイルスの感染拡大、いわゆるコロナ禍である。組織や人材という意味でも大きな変化が起こった。多様な局面で組織運営のあり方を変えなくてはならない状況になり、そうした変化には、人材マネジメントに大きな影響を及ぼす変化も多い。節を改めて考えてみよう。

2　テレワーク・在宅勤務の実施が明らかにしたもの

なかでも顕著な変化は、テレワークや在宅勤務への急激なシフトが見られたことである。ここしばらく、働き方改革や女性活躍推進のなかで、少しずつ進んできたテレワーク・在宅勤務が、新型コロナウイルス感染拡大対策として、準備の時間もなく、急速に進んだ。なお、テレワークと在宅勤務とは厳密には異なり、サテライトオフィス勤務などもテレワークの一形態だが、コロナ禍の下では、ほぼ同一だったと考えてよいであろう。

パーソル総合研究所が行った調査（対象正規雇用者約2万人）によると、２０２０年4月ごろの第1回緊急事態宣言の発出前と発出後を比較した場合、「現在のあなたの働き方としてテレワークを実施している」という設問に対して当てはまると答えた回答者の割合が、3月中旬の13・2％から4月中旬の27・9％と2倍以上に増加しており、第1回の緊急事態宣言が解除された同年5月末でも、20％台を維持している（図表4）。

また、２０２２年に入っても、比較的高いテレワーク率を維持しているという結果の調査が多い。例えば、日本生産性本部が２０２２年10月下旬に行った調査では、テレワーク

図表4　従業員のテレワーク実施率の推移（2020年）

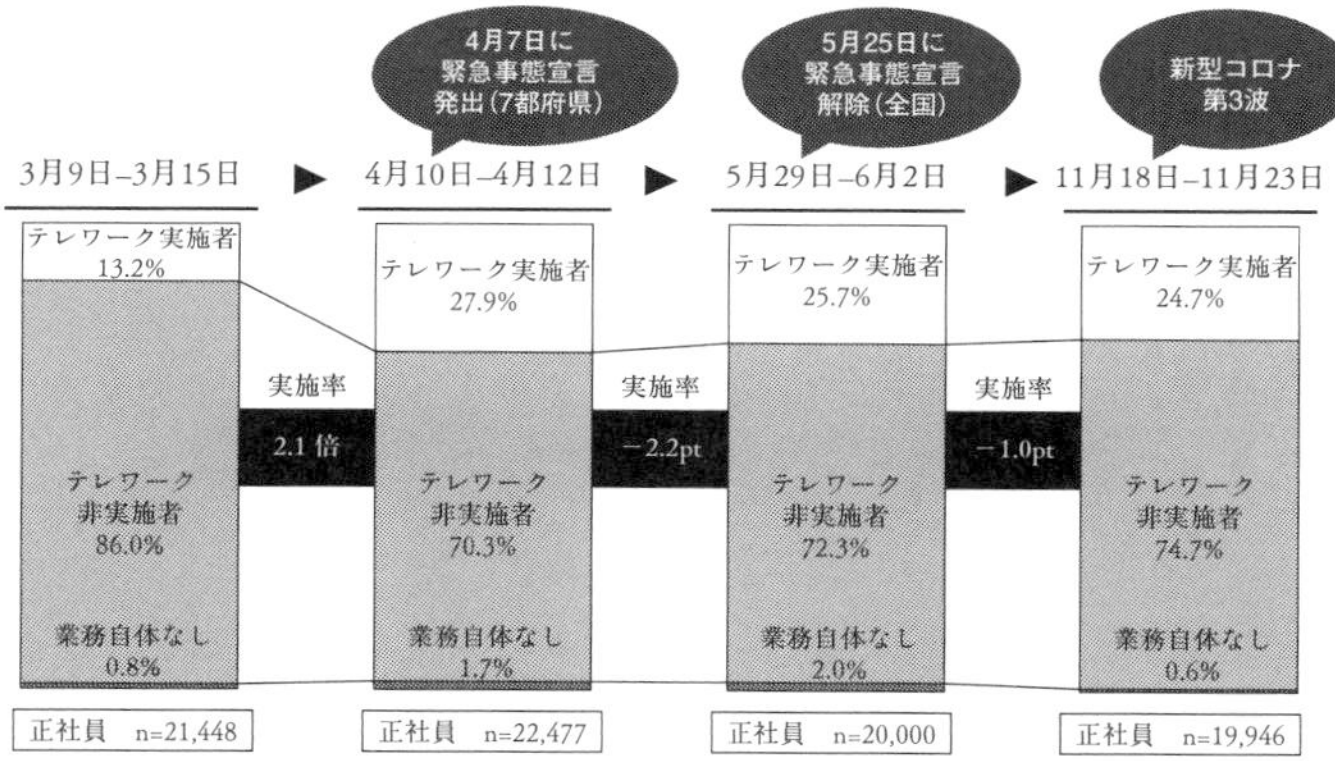

（出所）パーソル総合研究所「新型コロナウイルス対策によるテレワークへの影響に関する緊急調査」、第1～4回

実施率は17・2％であり、微減の傾向は見られるが17％台を保っている。

比較のために、コロナ禍以前を見てみると、２０１９年の国土交通省の「テレワーク人口実態調査」では、雇用型就業者に占めるテレワーカー（過去テレワークで働いた経験のある労働者）の割合は14・8％という結果である。また、総務省の「令和元年通信利用動向調査」では、テレワークの実施経験があると答えた労働者は、わずかに８・４％であった。

コロナが与える組織運営への影響

だが、同時に、こうした変化が組織運営という視点で課題を突き付けている状況も見え

図表5　テレワークを導入・実施して直面した課題

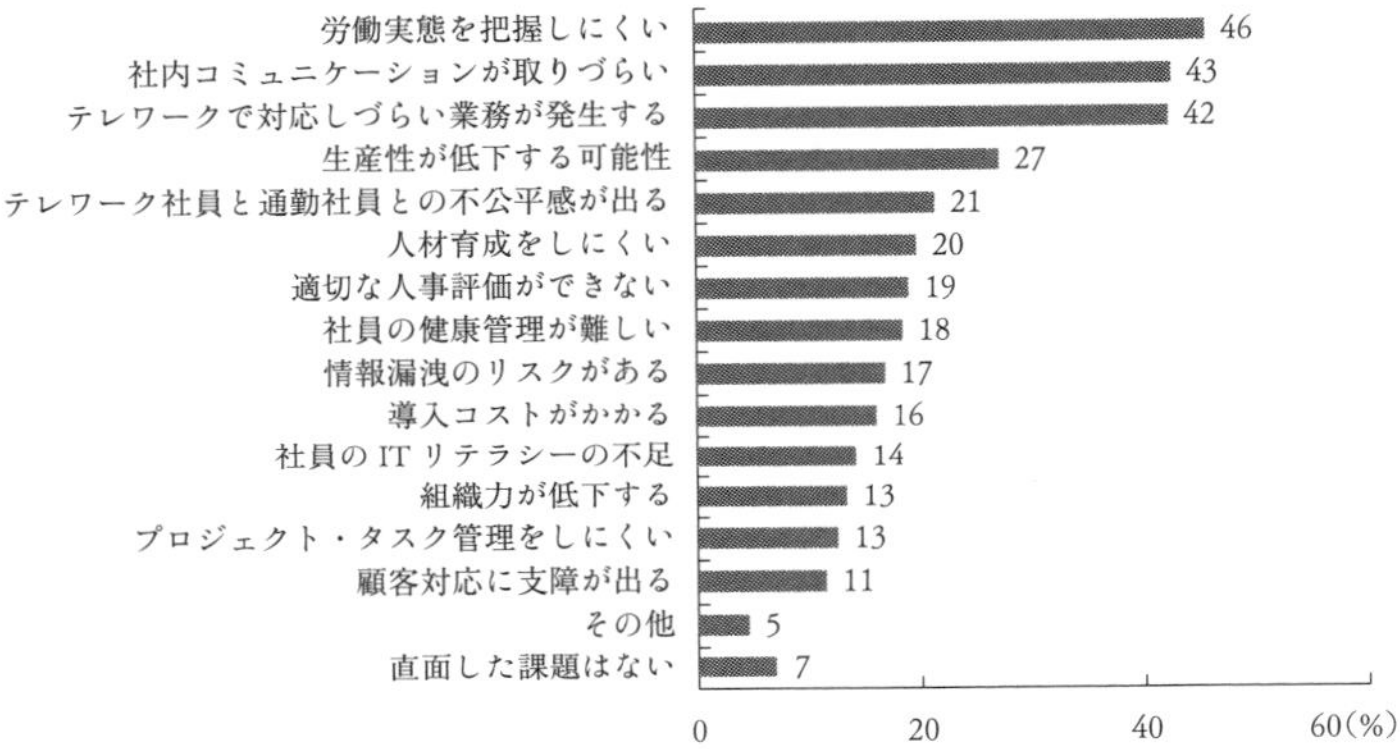

（出所）HR総研「テレワーク実施に関するアンケート」（2020年5月下旬〜6月上旬、対象294社の人事責任者）

てきた。例えば、図表5に示したＨＲ総研が実施した調査（２０２０年５月）によると、テレワークの課題として、労働実態把握の困難さ、社内コミュニケーションの難しさ、テレワークで対応しにくい業務が発生するなどが上位にあり、さらにそれが生産性に悪影響があるとの回答も多い。

テレワーク・在宅勤務に慣れるにしたがって、こうした課題は少しずつ解決されるだろう。とはいえ、こうした現象は明らかに、テレワーク、リモートワーク、在宅勤務などの働き方と、これまで培ってきた組織運営のやり方との間に齟齬《そご》があり、このギャップが重要な経営課題になってきているということを示している。

例えば、これまで管理職による管理などは、対面での部下指導を前提として組み立てられており、テレワークのような非接触型になると、実行することが難しくなる。

本来であれば、対面での頻繁な調整が可能にしてきた課題などに対処するために、代替的な手段を考えるべきなのだが、これまでの調整のしかたがルーチン化しているために、どうそれを修正すればよいかが分からず、思考停止が起こる。だからテレワークなどの急激な導入は、現場で多くの混乱を引き起こしたし、関係者は不安に包まれた。

組織運営の前提

私たちは皆、組織と組織運営に関して一定の前提を置いて行動している。例えば、職場というのは、特定の場所に人々が集まって仕事をする場所であるというのもそうした前提のひとつである。同時にそうした前提にもとづいて、組織運営のやり方やルールを決める。そうしたルールは、組織を効率的に運営するための、運営や管理の方法として開発されたものである。

そして、時間がたつと、それらは、ルーチンとして定着し、暗黙知化する。ルーチンとは、はじめは意識的な工夫の下につくられるが、一定の時間をかけて暗黙知化された組織運営のための手続きややり方である。そして、最後には、こういうふうにやるのが正しいんだという、一種の規範として組織に定着する。

そして規範化したルーチンは、多くの場合、なぜそれをやっているのかについての理由をいちいち考えなくても、組織のメンバーがそれを正しいと信じることによって、組織がその通りに運営されることを可能にする。

今回のコロナによるテレワーク・在宅勤務の急激な進展は、これまで培ってきたルーチンや、暗黙の前提を大きく崩す影響力があった。今まで規範的に、やるべきだとされていたやり方が行えないのである。結果として、これまで機能してきた組織が機能しなくなる。

3 問い直される人材投資のあり方

こうした変化のなかで、問い直されているのが、企業が行う人材投資のあり方である。人材マネジメントのあり方、人事管理のあり方と言ってもよい。そこに、変革が迫られている。結果として、わが国の人材マネジメントは大きなジレンマに直面している。

本書でまず注目したのは、こうしたジレンマのなかでも、外部労働市場との付き合い方である。企業内で行われる人材マネジメントの外部労働市場への開き方と言ってもよいかもしれない。今後の人材投資を考えるうえでは、外部労働市場の活用の仕方が大きな課題となってきているのである。

最も分かりやすいのは、戦略実現に必要な人材の確保であろう。近年、人材獲得の方法としての外部労働市場からの採用が重要視されるようになってきた。いわゆる経験者採用とかキャリア採用の増大の動きである。これまで必要な人材の獲得方法として、企業内部での人材育成が重視されていたのが、外部労働市場からの直接採用が見直され始めたのである。

経済学・経営学の言葉で言うと、Ｍａｋｅ（内製）かＢｕｙ（外部調達）かという問いであり、これまで組織の最下層での採用（例えば、いわゆる新卒一括採用など）を除いて、必要な人材を内製（内部育成）で確保してきた人材確保モデルが、大きく外部からの調達（採用）に傾いているのである。

外部採用のメリット

まず、外部からある程度育成された人材を確保した方が、時間的に大きな節約となる。現在、ＤＸやグローバル化などの戦略を早急に実現しようとしている企業にとっては、外部労働市場から人材を調達した方が、ずっと速く戦略実現に貢献する人材の確保ができるのである。そうしたこともあって、戦略が変化し、実現スピードの増大が求められるなかで、人材確保の方法として、経験者採用、キャリア採用と呼ばれる採用のあり方が重視されるようになってきた。

さらに、近年のように経営戦略の中核にＤＸやＡＩなどが置かれるようになるなかでは、企業のなかに存在しないスキルや専門性を持った人材を確保するのには、外部からの採用は重要な人材確保の方法である。

逆に、こうした視点で考えると、内部での人材育成は、不都合の多い人材確保方法である。企業内部での人材育成というのは、確保スピードは遅いし、企業のなかにある知識やスキルを伝承していくには向いているが、企業のなかにない知識やスキルを学ぶのは、不可能ではないが難しい。

また働く人の価値観の変化も、この傾向に拍車をかけている。過去には、いわゆる転職に対して、否定的な価値観を持った人が多かったが、これが大幅に減ってきた。前述のデロイトトーマツが2019年に行った調査によると、今いる会社を2年以内に離職したいと考えているミレニアル世代の働き手は49％もおり、世界の他の国の平均とほぼ同レベルである。

最後に、卵か鶏かは分からないが、こうした転職・離職が増加するにつれて、これを仲介するサービスを提供する人材紹介会社等が増えてきた。労働市場の仲介サービスの増加が転職の増加に拍車をかけ、同時に転職の増加によって、こうした業種がさらに進化していくということなのだろう。こうした転職サービスの進化があって、企業が外部から人材を採用するという形は、多くの企業にとって利用しやすい人材確保の方法となった。

Ｂｕｙ（外部調達）による人材確保のリスク

だが、同時に労働市場を通じての人材確保、つまり外部労働市場からの採用にはリスクが伴う。採用というのは、人事アクションのなかで比較的不確定要素の多いことが知られている。要求に合った人が採用できるか、たとえ採用できたとしても、その人材が期待どおりの成果を出してくれるか、長期的にその企業に残ってくれるかなどのリスクがある。

また業界自体の変化のなかで、競合企業も同じような戦略を策定している可能性が高く、労働市場で同じ人材要件（スペック）の人材を求めることになり、獲得に必要な賃金等が高くなり、人件費増になることも多い。

さらに、これまで極めて強い長期雇用（「終身雇用」と呼ばれた時代もあった）慣行とそれに伴う堅牢な内部労働市場の歴史を持っている社会で、急いで外部労働市場から採用を増やすのは、よいことだけではないかもしれない。社内に混乱が起きる可能性もあるし、多くの抵抗もあるだろう。さらにわが国は、労働法制やその他の法制度が、人材の企業間移動に一定の制約もかけている。

こうした理由により、外部労働市場からの採用は、戦略達成に必要な人材を確保する方法として、唯一の選択肢ではなくなるのである。もう一つの方法として、現有の人材を育成して、必要人材を確保する人材戦略の可能性も検討しておく必要が出てくる。近年議論されることの多くなってきた、「リスキリング」である。

どちらが良いか、またどういう組み合わせが良いかは、人材を確保しなくてはならないスピードや、必要なスキル・知識の内容などによって判断すべきことなのである。状況によっては、新たなスキルや知識を持っている人を採用することではなく、現有人材のスキルセットや知識を転換していく方がより効果的である可能性もある。

つまり、場合によっては、戦略の変化に伴うわが国企業の人材ポートフォリオ転換は、現有の人材のリスキリングによって可能になることもあり得るのである。

リスキリングとは、技術革新やビジネスモデルの変化に対応するために、新しい知識やスキルを学ぶことであり、戦略に合わせた人材を確保する手段として、一つの有効なオプションなのである。企業としては、両方のオプションのメリットを検討する必要がある。

外部調達対内部育成のジレンマ

そのため、現状からの移行という意味では、わが国の人事は、もっと外部労働市場に関する情報を獲得し、また労働市場との付き合い方を習得していかないとならないだろう。

例えば、どういうところに自社の戦略が必要とする人材はいるのか、いる人材はどういうスペックで、どれだけ自分たちが求める要件を満たしているのか。さらには欲しい人材の、外部労働市場での賃金相場はどれぐらいで、どの程度の幅があるのかなど、知っておかなくてはならないことは多い。また、常にある程度外部にお目当ての人材を見つけておくのも重要である。

わが国の人事部門は、これまで企業内部の状況については、常に注意を払い、緻密な情報を集めてきた。しかしもはやそのやり方では、戦略上必要な人材が、必要なスピードで確保できないのかもしれないのである。外部と内部の効果的なポートフォリオを組んでいくためには、わが国の企業は、もっと外部に開かれた人事に習熟することが求められる。

経営環境が変化するなか、内部での人材育成と外部からの調達とでどちらがメリットがあるのかを考えるべきときなのである。採用は、人材獲得スピードは速いが、同時にリスクも伴う。内部育成は、対象従業員についての情報は豊富だが、獲得スピードも遅いし、内部にない知識やスキルを持った人材は確保しにくい。

答えは何らかの組み合わせ、人材獲得のポートフォリオであろう。企業に適した人材獲得ポートフォリオを組むため、経営や人事部門は、外部労働市場との向き合い方を考える必要がある。

4　内部公平性と外部公平性

必要になる人材活用の見直し

外部労働市場との関わり方を再考する重要性は、人材獲得だけではなく、処遇など人材活用の面でもあるだろう。例えば、賃金や処遇の内部公平性と外部公平性の問題がある。内部公平性とは、賃金などが企業内部の他の従業員の賃金と比較して公平なものになっているかの判断であり、外部公平性とは、外部企業の同様の従業員と比較しての公平性である。労働市場における相場との比較と言ってもよいだろう。

これまでわが国の人事では、内部公平性を保つことで、従業員の納得性を得て、働く人のエンゲージメントや働く意欲を保ってきた。公平性を認識するために従業員が比較する相手が、主に同じ企業の働き手であったのである。他の企業がどれだけ払っているのかは、情報がなかったし、長期雇用のなかでは、多くの人にとって、あまり興味のない比較だった。

だが、現在、労働市場で他の企業がどれだけ払っているかの情報は、インターネットなどで比較的容易に手に入るようになっている。前述の人材紹介サービスに登録すれば、より詳細な情報が得られる場合もある。言い換えると、働く人が外部公平性を判断するための情報が手に入れやすくなったのである。また転職可能性の増加により、こうした数字が働く人にとって意味を持つようになってきた。

現在重要になってきているのは、他の企業の同じような働き手との比較、つまり外部公平性なのである。働く人もこうした情報に強い関心を持つようになってきた。

企業内で人材マネジメントを行っている人事部門なども、こうした外部労働市場の相場に関心を持つことが必要になるし、従業員が比較をした場合に公平感を持ってもらうように賃金を設定することが必要になるだろう。そうすれば、働く人が外部労働市場で、自分の価値を確認するための情報を取得しても、自社に対するエンゲージメントを上げることにつながるかもしれない。これも重要な外部へ開かれた人材マネジメントなのである。

他にも福利厚生の内容、職場の雰囲気など、従業員が他社の状況と比べる可能性のある項目は数多くある。従業員が外部との比較を行い、結果が不公平となれば、何らかの対応策をとらないと、人材のリテンションがままならなくなっているのである。

現在、人材マネジメントに最も強く求められる機能は、戦略と働く人の変化のなかで、戦略の達成を担う人材の確保と活用である。外部労働市場の扱い方が人材マネジメントにおいて、大きな役割を担うようになってきた今、人事は大きく視点を移さないとならない。

このように、企業内部の人材マネジメントの外部労働市場への対峙の仕方は、大きな課題なのである。本書では、この問題について、第2章で考察した。

5　企業内での人材多様性はさらに増加する

多様性という意味で、ここで特に重要なのは、いわゆる「タスク型」の多様性増加である。よく言われるように、ダイバーシティには「タスク型」と「デモグラフィー型」という2種類があり、タスク型は能力や知識、経験値などの多様性、対してデモグラフィー型は性別、国籍、年齢といった属性での多様性である。[1]

1　日経xwoman（2022）「入山章栄　日本のダイバーシティ『なぜする』の視点欠落　早稲田大学　入山章栄教授が解説するジェンダー・ダイバーシティが必要な理由と進め方」（2022年5月1日）

外部労働市場からの採用が増えると、それまでの経験値やスキル、キャリアなど、タスク型の人材多様性が増える結果を招き、結果として、人材育成や人材マネジメントにおいて、そうした多様性への対応が求められるようになる。

さらに外部採用だけではなく、その他の要因も、タスク型の多様性を高めることが予想される。例えば、ＩＴ人材など専門性の高い職種では、これまで企業内部で育成されてきた人材とは違った能力やスキル、マインドセットが要求されるようになるだろう。経営戦略実現に必要な人材を確保した結果として、過去のキャリアや職歴が大きく異なる人材が増える可能性もある。さらに、いわゆる「ジョブ型人事管理」が進むと、個人個人のミッションが個別化し、仕事内容の面でも、保有するスキルなどの面でも、多様性が進むだろう。

こうしたタスク多様性の高まりによって、大きなジレンマを抱えるのは、人材育成であろう。人材確保が新卒一括採用として組織のボトムで行われ、多数の人材がよーいドンで一斉に育成されていた過去に比べて、一人ひとりの経験や現有スキルが異なると、集合型、一律型の人材育成の効果が薄れてくるのである。異なった能力開発ニーズの人材に、同じ育成を適用することの無駄が多くなり、育成に投じる投資の無駄が増える。

そのため、多様な人材の能力開発ニーズに応じて、多様化した人材育成を提供することが重要になり、人材育成は、多様化、個別化していくだろう。

さらに人材育成は選択型に

また、多様性が高まるにしたがって、多様な人材育成のパターンを一括して、人事部門や各部門などが管理するのは、極めて難しくなるかもしれない。あまりにも多様なパターンがあることで、管理が限界に達するのである。

その結果として、人材育成は、能力開発ニーズを持っている個々人の選択による〝管理〟が必要になるだろう。自分で自分のニーズに合わせて、必要な人材育成プランを選び、学習する。こうした流れが主流になってくるかもしれない。

人事部門などが行うのは、そうした選択型の能力開発のためのプラットフォームを提供することになろう。実際、私たちの調査では、極めてタスク多様性・人材多様性の高い米国西海岸では、インタビューしたほぼすべての企業で、広い選択肢を従業員に与えることに大きな投資をする人事部の姿が見られた。

自律の重要性

つまり、育成の主導権が、企業から個人へ移るのである。もう企業は何を学んでほしいかは指定できず、キャリアプランの異なる個々人が、主体的に学びを進めていくのである。そこで大切なのは、働き手は自律した存在だという、働き手と企業、双方の認識である。こうした自律型の育成が機能するためには、働き手がキャリアプランを持ち、自律的に自分たちの能力開発ニーズを把握し、自律的にニーズに合った能力開発プログラムを選択することが必要である。

この視点で見ると、これまでわが国の多くの企業は、働き手を非自律的な存在に追いやってきたように思う。これまでの人事管理は、育成にしても配置転換などの他の人事管理の場面でも、働き手の意思や希望を尊重しないことが多かった。実際、自己申告異動など、働き手側の意向を聞くための施策が増えてきたが、多くの場合、働き手の希望を実現せず、「聞き置く」だけのことが多かった。

そういう状況が繰り返されると、働き手は、企業に身を任せた方が楽だし、変に希望を表明するよりは、結果として、何も言わず失望しないことを選ぶようになる。これまでの人材マネジメントは、企業による、非自律化を促進してきた側面が強かった。

私たちは、自律した人材は重要だと主張することは多いが、はたして、どれだけの時間、どれだけの投資をして、働き手を自律化してきただろうか。自律した人材は企業を辞めてしまうかもしれないという不安から、本気でやってこなかったという面はないのか。

自律した人材でも、企業の人材マネジメントのあり方によっては、企業に対するエンゲージメントが高くなる研究結果もあるのである。[2] 今こそ、働き手は自律した大人であり、自分のことは自分で決められるという前提を持った、個人の自律を促進する人材マネジメントを行うことが必要である。

外部労働市場に開かれた人事を行い、タスク多様性が高まるなかで、働き手の自律化には本腰を入れなくてはならない。また自律した人材のマネジメントも必要である。人材育成の個別化と自律人材のマネジメントについては、第3章で考察している。

2　企業活力研究所（2022）

6　働く人のマインドへの関心

従業員エンゲージメントを高めるには

さらに、注意しなくてはならないのは、人材マネジメントには、働く人のスキルや能力だけではなく、働く人のマインドセットが大きく関係することである。

これまでの人材マネジメントは、スキルや知識、成果といったハードな側面に対する関心に比較して、働く人のマインドや感情を高めるといった作業にあまり注意を払ってこなかった。だが、現在こうした状況に少し変化が起こりつつある。働く人のエンゲージメントなどへの関心が増大してきたのも、こうした変化の一部かもしれない。

いくつかの企業で、これまでの従業員満足度サーベイに代わって、従業員エンゲージメントサーベイが定期的に行われるようになってきた。ウェルビーイング経営という流れもあり、働く人を含む、会社に関連するすべてのステークホルダーの幸せを追求する経営が重要だとされる声も大きくなってきた。

特に人材育成はそうである。人材育成を行うにあたっては、マインドに注目することが重要である。学ぼうという意志を持たない人材にどう新たなスキルの訓練をしても無駄なのである。そのためには、例えば、事業を成功させるために、お客様に喜んでもらうためになどの目的がないと学びは進まない。

さらに新たなスキル獲得や学び直しをしてもらうためには、「この企業のためなら頑張りたい」や「この企業ならば別の仕事になっても頑張ってみたい」というようなマインドセットが不可欠なのである。言われたから研修に出ているだけでは、学びは起こらない。人材育成は、マインド面の転換が伴わない限り、新たなスキルの学びにも、会社の新たな戦略実現にもつながらないのである。

人はココロを持つ存在

先にも述べたように、人はココロを持つ存在なのである。そのため、ココロのありようで人材としての価値は大きく上下する。落ち込んでいるときの自分と意気揚々としているときの自分を思い出してもらえればよい。人事の施策は、高いウェルビーイングを目指すべきなのである。

したがって、企業側から見ると、従業員エンゲージメントとは、企業が働く人のココロをどれだけつかんでいるのかの程度を示す指標となる。そして、従業員エンゲージメントを高める力は、働く人のココロをつかむ力である。

同時に、変革時などに変革のマインドセットや意欲を持ってもらうために、普段からの人事を注意して行わなくてはならない。これまでその企業でないがしろにされてきた、不公平に扱われてきたなどの意識を持っている人材は、決して、生産性の高い人材にはならないだろう。会社が嫌いで、会社に対するエンゲージメントが低い人材は、どんな丁寧な対応をとっても、効果はないだろう。

重要なのは、有事に際して新たに行う人材マネジメントだけではなく、平時の人材マネジメントなのである。これによって、従業員エンゲージメントの基礎ができ、例えば、危機のときでの企業変革が起こる。その意味で、ウェルビーイング経営は、立派な戦略人事なのであり、マインドのマネジメントも立派な戦略人事なのである。マインドの側面については、第4章で考察する。

7　組織開発という考え方

人材投資の未来を考えるうえでの、最後のポイントが組織開発である。組織開発とは、言葉通り、組織の開発であり、具体的には、メンバー間で有効なコミュニケーションがあり、チームとして協働などが機能している組織をつくるための経営活動である。アカデミックな定義は、「組織またはチームを円滑に機能させるための意図的な働きかけ（介入）」である。経営学では比較的古い概念であり、多くの教科書も出ている。

ただ、不思議なことに、日本の実務の世界ではこれまで関心が低く、あまり組織開発論に注目が置かれてこなかった。雑誌記事なども、人材開発や能力開発、キャリア開発などの、人に関連した開発論が多く、比較して数が少なかった。

なぜなのだろうか。答えとして、日本人は、文化的に組織としてまとまろうとする強い志向性を持っており、とくに「組織を開発」しなくてもよかった、という主張を聞くことがある。これも、ある程度は、真実なのかもしれないが、真の理由は不明である。

崩壊寸前の組織

しかし、これからもこのままでいいのだろうか。これまで、わが国の職場は物理的な場を共有することに重きを置いてきた。上司の現場マネジメントは部下が目の前にいることを前提として行われることが多かった。同僚とは毎日同じ場所で働くことで連帯感がうまれた。夜には懇親会などがあり、一層のつながりが構築された。

今、人材面でのダイバーシティが進み、働く人の価値観が多様化するなかで、組織としてのまとまりや一体感、コミュニケーションなどの組織運営上の資産は、もはや自然に確保できるものではなく、投資をして、積極的に確保するべき時代に来ていると考えられる。

ミレニアル世代とそれ未満の世代（Z世代など）の働き手が増え、多様な価値観が許容されるなかで、働くうえで自分の価値観を大切にしようとする人材も増えてきた。組織がバラバラになりかねない状況なのである。

さらに、先にも述べたように、新型コロナウイルス感染拡大で、テレワークや自宅勤務など、物理的な場を共有しない働き方が急激に普及した。この変化が、ポストコロナでどの程度定着するかは不明だが、コロナ感染拡大の前から、働き方改革のなかで、テレワークや柔軟な労働時間は推奨されており、一定の定着は期待できるだろう。そうなると、接触型で密度の高い組織や現場マネジメントの前提が崩れてくる。組織運営のあり方は大きく変わる可能性があるのである。

わが国でも職場やチームを機能させるための、意図的な取り組みが必要になってきたのである。新たなマネジメントやコミュニケーションのあり方を機能させるためには、これまでの前提を取り払い、慣例などをいったん学習棄却し、新たなやり方を学ばなければならない。わが国でも組織開発の重要性が高まることが予想される。実際、実務界では、少しずつ関心が高まっており、解説書も多くなってきた。

組織とは、人材の活躍のための一種の「舞台」である。どんなに優秀な人材が外部労働市場から採用できたとしても、活躍するための場がないと活躍しようがない。人材育成など、対人材の施策に投資をするのと同時に、組織の開発にも投資をしないと、個人への投資が水の泡になる可能性があるのである。言うなれば、人材確保・活用のための組織開発である。

組織開発自体の進化

さらに、現在、組織開発という活動自体も進化している。これまでのような単に組織としてのまとまりやコミュニケーションの促進といった組織としての最低限の条件を整えるための活動から、組織開発は進化し、戦略人事の一部へとその姿を変えている。

具体的には、戦略達成上、企業が必要とする組織力（組織能力とも呼ばれる）の開発である。企業には、競争力の源泉となる様々な組織としての力や強みが必要だ。例えば、イノベーションを生み出す力であり、または顧客に期待以上のサービスを提供する力である。こうした力を確保した企業が、競合に対して、より高い競争力を獲得する。組織開発は、このように競争戦略上重要な組織力の開発のための活動として進化しつつあるのである。

将来的には、こうした組織（力）開発という活動は、人材育成とほぼ同じぐらいの経営上の重要性を持つかもしれない。そうでないと、人材が活躍するための基礎や基盤が毀損されかねないのである。日本企業の組織開発のあり方については、第5章で詳しく扱っている。

8　本書のプラン

本書では、こうした問題意識から、いくつかの個別研究を紹介している。すべて、これからの人材投資のあり方の修正または変革に関する提言の基礎である。本章の冒頭にも述べたように、現在わが国企業の人材投資または人材マネジメントのあり方は、大きな転換を迫られている。

経済のグローバル化がさらに進み、技術革新は急速に進展し、働く側では、生産年齢人口は減少し、労働人口は高齢化し、価値観も多様になってきている。本書で協働したメンバーは、こうした変化が人材投資のあり方、人材マネジメントのあり方に変革を迫っているという意識を共有している。

考えてみると、わが国では、今世紀初頭に、バブル経済の崩壊に直面し、いわゆる「成果主義の導入」という御旗の下、人事改革が試みられた。その結果、以前より人事評価や賃金決定に成果の要素が取り入れられるようになり、評価・処遇制度は大きく変化した。目標管理という制度が浸透したのもこの頃である。

しかし、結果として、企業の評価・処遇制度から年功色が払拭されたかというと、個人的には疑問である。もちろん、年齢に伴う賃金カーブの右肩上がりには一定の経済合理性があり、完全にゼロにするのも問題だが、成果主義への改革は、期待された、わが国の評価・処遇制度の根本的な変革には至らなかった。導入の仕方が唐突で、十分な説明なしに入れられたケースが多く、従業員の手厳しい反発をくらい、その後経済が上向くなかで、揺り戻しが起き、根本的な変革には至らなかったというのが筆者の解釈である。

直近の新たな動きは、ジョブ型雇用への転換という議論である。実際、ここしばらく、「ジョブ型雇用」への転換を表明する企業が多くなってきた。経営課題が山積するなかで、これまでの雇用システムを変革する必要性を感じていた多くの企業が、コロナ禍による急激な働き方や組織運営の転換をきっかけに、人材投資・人材マネジメントのあり方を大きく変革する意思表明をしているということなのだろう。

ここでこれまでのやり方を見直し、課題に対応できるための人材確保・活用のシステムをつくらないと、わが国企業の競争力は、他国の競争相手に比べて、大きく毀損されるだろう。同時に働く人が生き生きと働けず、エンゲージメントや活気が失われる可能性もある。本書は、そうしたシステムをつくりあげるための、いくつかの部品の提言である。

第1章

今でも日本企業は人材に力を入れていると言えるのか？

- 人材重視は日本企業の強みの一つであり、多くの企業が人材への投資に力を入れていると認識している。しかし、統計で見ると、人材投資は減少傾向が続いており、国際的にも決して多くを投資しているわけではない。
- 実際、企業では様々な形で人材育成が行われているが、それを教育訓練費以外の費目で支出しているケースもあり、総額として人材育成にいくらかけているのかを把握することは難しいのが実情である。人材投資の現状を改善しようとするのであれば、まず「人材育成」への投資額を適切に把握することが重要だ。
- 多くの日本企業は、伝統的にOJTのなかで社員に業務上の様々なスキルを習得させ、能力開発に注力してきた。しかしOJTがどの程度の割合を占めるのか、そしてどのような効果があったのかを把握する企業は少ないのが実態である。
- また、デジタル化や人材の流動化をはじめとする様々な環境変化により、人材育成の効果的な体系や手法が変わりつつあることを示している。

１　過去のイメージを引きずる日本企業の人材育成

「人材こそ最大の経営資源」と自認する企業は少なくない。実際、ＯＪＴと各種研修からなる手厚い社内教育システムは、これまでの日本企業の強みの一つでもあった。大学で専門的な知識を習得していなくても、新卒で入社してから必要な業務知識を叩き込み、企業で活躍できる人材へと育て上げるシステムは、企業の特徴に即した質の高い労働者を継続的に生み出し、高いパフォーマンスを生み出す源泉となってきた。人材の流動化が進む近年では、このようなシステムを採用する企業ばかりではなくなってきているが、今でもそれを自社の強みと認識する企業は数多くあるだろう。

しかし、統計を見ると、日本の人材育成への投資額は減少傾向が長らく続いている。学習院大学の宮川努教授と滝澤美帆教授の推計[1]によると、日本の人材投資額（対ＧＤＰ

1　宮川努学習院大学教授および滝澤美帆学習院大学教授がＪＩＰデータベース２０２１で推計されている人的資本投資額と付加価値額をもとに算出。マクロ（住宅・分類不明を除く）の値を製造業、非製造業に分類している。

図表 1-1　人材投資額（対 GDP 比）の推移

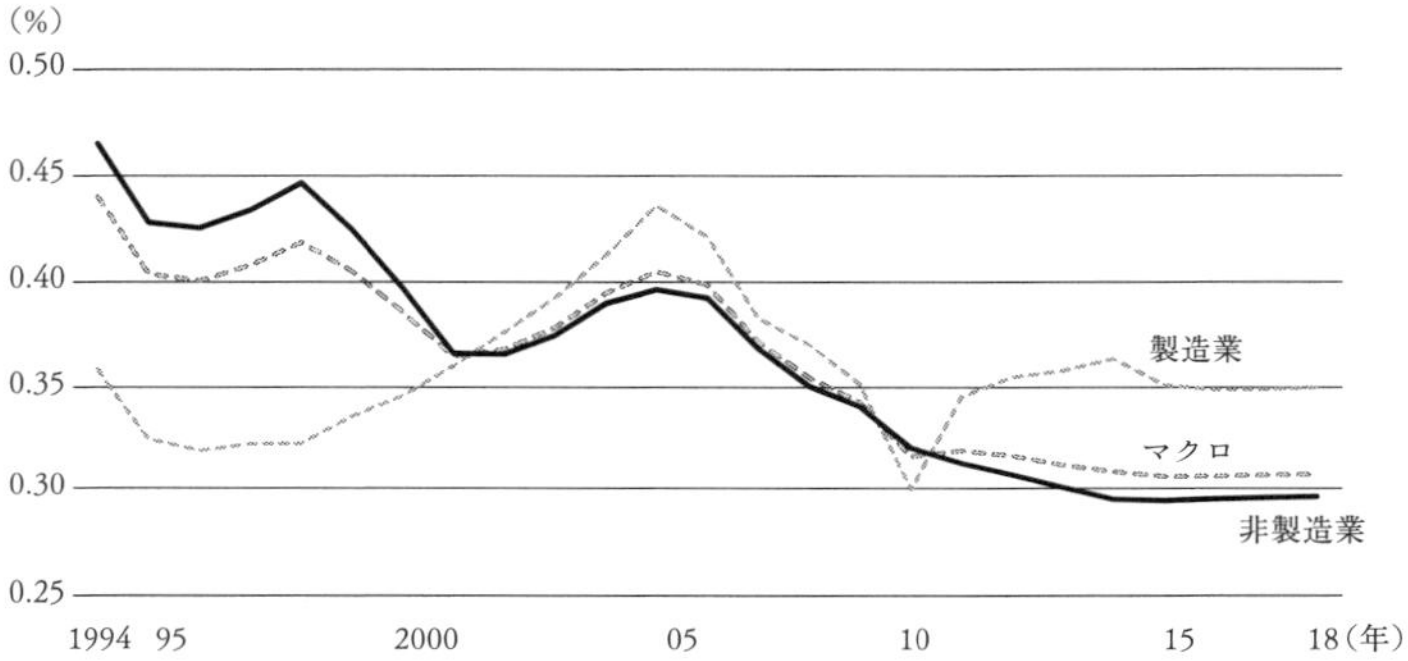

（出所）宮川努学習院大学教授および滝澤美帆学習院大学教授が JIP データベース 2021 をもとに推計

比）は、これまでのピークだった1994年の7割にまで落ち込んでいる（図表1－1）。企業による人材投資は2000年代前半に一時持ち直したものの、その後再び減少に転じている。足もとの人材投資の水準は、一時持ち直したときのピークである2005年と比較しても75％程度でしかない。

これを産業別に概観すると、製造業ではやや持ち直しの兆しが見える。しかし、就業人口の7割以上を占める非製造業では長期低落傾向に歯止めがかかっていない。これは、マニュアル化された仕事が多く、正社員ほど能力やスキルを改善するための時間がとられていないパートやアルバイトなどの割合が上昇している影響もある。しかし、正社員であってもこれまで同様の手厚い教育訓練を実施する企業ばかりではなくなりつつあることも、無関係ではないだろう。

いずれにせよ、こうした推移からすると、これまで日本企業の特徴として当然視されてきた手厚い人材育成は既に過去のものになりつつある。

2　国際的に見ても少ない日本企業の人材投資

国際的に見ても、日本の人材投資額は多いわけではなく、主要国に後れをとっている。宮川努教授らの推計によると、日本の人材投資額（対ＧＤＰ比）は０・５％を下回る程度であり、１・４％前後のドイツや１・０％前後の米国より大幅に低くなっている（図表1－2）。

もっとも、ドイツの場合、様々なルートで複線的な職業教育が行われており、なかでもデュアルシステムと呼ばれるドイツ特有の職業教育方式がとられていることが影響している。これは、企業で実地研修を受けながら職業学校でも学習する形で職業訓練を受けるもので、企業での教育研修が制度化されている。そして、その後は職業経験を積んだうえでマイスター試験を受け、専門職となる道筋が整備されている。産業構造の変化などに伴う、

図表 1-2　GDP における人材投資額の割合（主要 5 カ国）

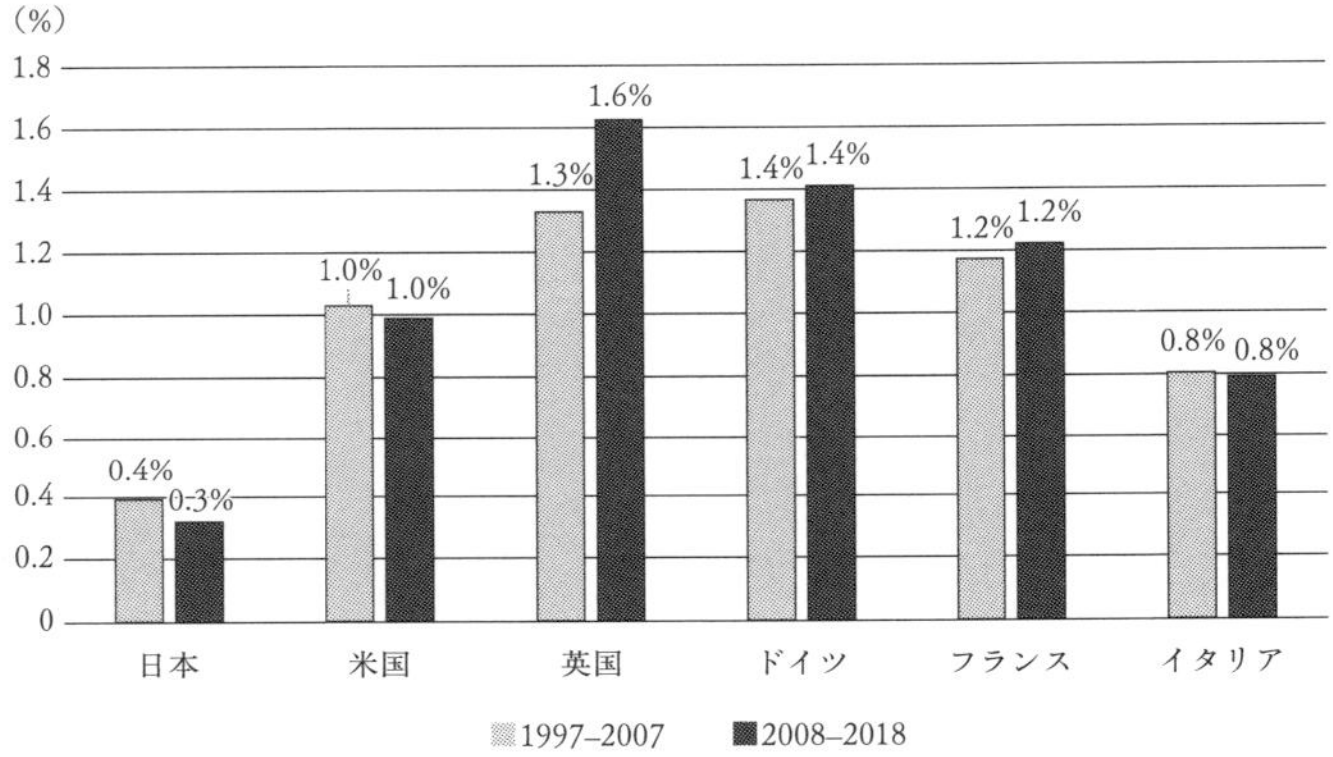

（出所）宮川努学習院大学教授および滝澤美帆学習院大学教授が JIP データベース 2021 及び EUKLEMS/INTAN Prod 2021 データベースをもとに推計

図表 1-3　主要国の企業内訓練投資（GDP 比）

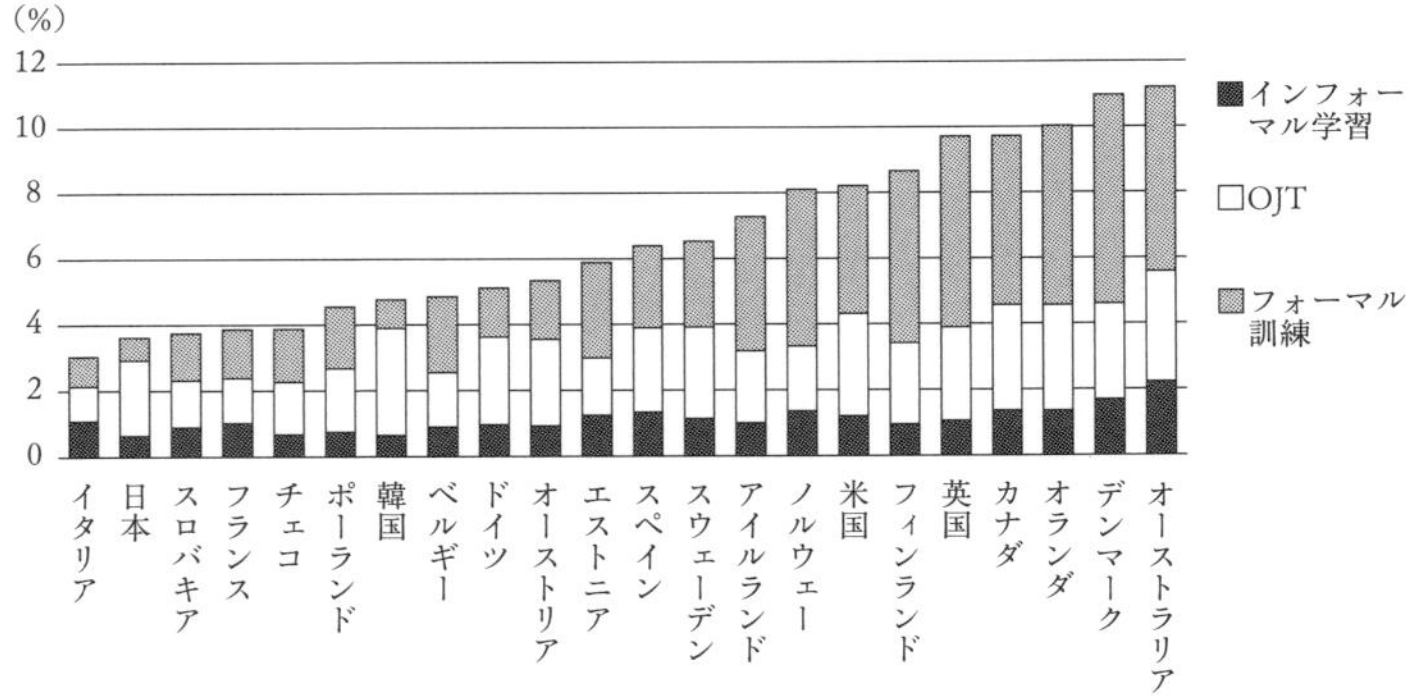

（出所）Squicciarini, M., Marcolin, L. and Horvát, P. (2015) "Estimating Cross-Country Investment in Training: An Experimental Methodology Using PIAAC Data," OECD Science, Technology and Industry Working Papers.

新しい技術習得も活発だ。ドイツの人材投資額（対ＧＤＰ）が高いのは、このような手厚い職業教育が体系化されていることが大きい。

一方、日本にもこうした制度がないわけではないが、企業がそれぞれの判断で行うＯＪＴや各種の研修に頼る部分が大きく、リスキリングの動きもまだまだ鈍いのが現状だ。主要先進国のなかで見ても、企業の教育訓練投資に占めるＯＪＴの割合は、日本や韓国が突出して高くなっている。

特に、日本の場合、教育訓練費の割合が低いうえに、リスキリングなどに有用な外部研修（図表１－３で言うフォーマル訓練）の割合も非常に低い。

効果測定が難しいだけでなく、既存技術の伝承が中心になりがちと指摘されるＯＪＴに多くを依存する状況では、必要とされる技術やスキルが大きく変化しつつある状況に柔軟に対応していくことはなかなか難しくなってきている。

また、社内外の研修とＯＪＴを組み合わせた人材育成の取り組みは、「一人前」になるまでに長い期間を要することもあり、人材の流動化が少しずつ進むなかで縮小に向かっており、「必要なスキルを持つ人材」を外部から調達する動きが活発になっている。特に、デジタル化を担う専門人材の確保をめぐっては、経団連が会員企業に行ったアンケート調査[2]によると、社外からの採用と社内での育成がほぼ均衡するような結果になっている。ただ、「必要なスキルを持つ人材」がどこかで育成されないと、そうした人材はいずれ枯渇してしまう。そうなると、企業の競争力を毀損し、生産性向上もままならない状況になりかねない。

企業の生産性を向上させる方法は、イノベーションを生み出す研究開発投資や効率的な生産活動を可能にする各種設備投資や業務プロセス改善、戦略的な経営など多岐にわたる。なかでも、優れた人材を育成し、活躍してもらうことが欠かせない。

内閣府による「経済財政報告（経済財政白書）２０１８年度版」では、人材育成の重要性を指摘するとともに、社員教育や社会人の「学び直し」などによる人的資本投資が１％増加すると、労働生産性が０・６％上昇すると試算している。

また、滝澤美帆教授らが行った上場企業を対象とした実証分析によると、過去５年間に一人当たり人的資本投資が増加していれば労働生産性も上昇する正の関係性が見られる。

しかし、人材への投資が少なければ、こうしたインパクトも限定的にならざるを得ない。そして、ただでさえ少ない人材投資が減少してしまうと、このような生産性向上効果も失われてしまうことになる。

これまでのように企業が手厚い人材育成を担ってきた状況であれば、こうした懸念は杞憂でしかなかった。しかし、定量的な人材投資の推移は、それが杞憂ではなくなりつつあることを示している。

3　企業は現状の課題をどう認識しているのか

日本企業の人材育成が抱える問題は、こうしたマクロレベルの人材投資の量的な縮小だけではない。実は、「量的な縮小」と言いながら、企業レベルで見ても人材育成・教育訓練にかかる費用をすべて把握できているかというと、そうではないのが実情である。

厚生労働省「就労条件総合調査」などの政府統計で多くの企業が人材育成費・教育訓練費として回答しているのは、人事部や人材育成関連部署が主に実施し、費用を支出してい

2　日本経済団体連合会「人材育成に関するアンケート調査結果」（２０２０年1月21日）。「社外から採用」（36・5％）と「社内で育成」（36・0％）、「業務委託で対応」（38・7％）といった回答が多く、デジタル化を担う専門人材への企業の認識は分かれている。

る研修についてである。しかし、それ以外にも、事業部門や地方支社などで研修的な活動が独自に行われている。そして、それは教育訓練費ではなく、事業費のなかで経理処理されているケースが散見される。また、本社で行われる研修に地方から出張してくる場合、出張経費を教育訓練費ではなく、旅費として事業部門が負担しているケースもある。

これらは、我々が行った企業へのヒアリング調査で直接聞いた例であり、必ずしもすべての企業に当てはまるわけではないが、統計的に把握されている人材投資額は、実態よりも過少である可能性を示している。

すべての人材育成・教育訓練の費用を把握することは、可能なのだろうか。そうした実態の把握と今後の人材育成のあり方を検討するため、日本生産性本部では、本書執筆メンバーによる研究会を設置し、日米両国で企業へのヒアリング調査を行うとともに、3回にわたって従業員アンケート調査を行った。我々がヒアリング調査で確認した範囲でいえば、事業部門で支出されている研修活動がどのくらい行われているかについては、人事部・人材育成関連部署が把握していることが多かった。

つまり、費用は事業部門持ちということもあって十分把握できていないが、研修行為があったこと自体は概ね把握しているというケースが多い。本社などでの研修に参加するための出張経費についても、人事・人材育成関連部署で負担しているケースは少ないものの、それが教育訓練費に当たるという認識を多くの企業が持っている。

また、先述した国際比較の際、米国の教育訓練費などには、研修などで本来の業務ができなかったときの人件費も機会費用として含まれているが、日本企業でそのような理解が一般的にされているわけではない。

こうしたことからすると、企業による人材投資額は、実態として見ると統計で把握されているよりも多くなっている可能性がある。

ただ、我々の研究会によるヒアリング調査でいくつかの企業に確認したところ、このような旅費や事業費のなかの研修費相当額を把握するには、財務部門にある膨大な経理帳票をひっくり返して調べる必要があり、かなりの手間がかかるのが実情だ。そうなると、人材育成・教育訓練を人材への投資とみなそうにも、正確な投資額を把握しきれず、結果としてはよく分からないということになってしまう。

いくつかの企業にかなり無理なお願いをして、そうした未計上部分の集計をしてもらったところ、人事部門が未把握の「隠れた教育訓練費」が予算の８～10割近くにのぼった。したがって、実態として見ると、統計などに表れる教育訓練予算額の概ね１・８倍から２

倍が企業の人材投資の規模感であることを示唆している。

これは、対応をいただいた企業の人事部門が財務部門と連携して、経理帳票から該当費用を細かく抽出したり、一定の仮定を置いて推計したりしてようやく定量化したものである。人材が最も重要な資産だと認識する企業は多くても、そこまでしなければ、最も重要な資産である人材への投資総額が正確に分からないという実態は変える必要があるだろう。

こうした問題は、技術的な側面からすれば、これまで計上してこなかった人材育成にかかる費用項目を抽出し、管理会計システム上で紐づけることができれば、ある程度解消する可能性があり、決して「お手上げ」の問題ではない。

企業は、様々な投資活動を把握し、費用対効果をチェックするプロセスを内在化させている。人材育成を人材への投資と見るのであれば、その投資額がいくらかなのかを明らかにすることは、そうした投資の費用対効果をチェックするうえでも不可欠と言えるだろう。

4　他にもある人材育成にかかる企業の課題

人材育成について企業が抱える課題は、このような投資金額の量的把握が困難なことだけではない。実務のなかでは、社内外で各種研修が行われるのと並行して、ＯＪＴによるトレーニングが人材育成の中核をなしている。

特に、業務実施上の知識やスキルの習得は、現場に任せＯＪＴ中心で行われていることが多い。職場でのＯＪＴは部門や支社・支店主導であり、人事部門がどの程度の時間や費用をかけているかを十分把握できているケースはまれであり、統計上の教育訓練費にもほぼ計上されていない。

ヒアリング調査を行った企業でも、各種研修などの人数や時間はもちろん把握しているが、事業部門で行われているＯＪＴにどのくらいの人員と時間が割かれているかは正確に把握し切れていないという声が多かった。実務的に考えれば、そもそもどこまでがＯＪＴによるトレーニングでどこまでが通常業務なのかの線引きは極めてあいまいであり、明確な仕分けが現実的に難しいということもあるだろう。

また、人材育成は、金額や時間などの量的側面も重要だが、教育内容や方法、特定層に集中したものであるのか広範に実施しているのかなど、質的な側面にも考慮する必要がある。だが同様の理由で、ＯＪＴの効果検証もあまり行われていない。それは、先述した各種の研修（Ｏｆｆ－ＪＴ）も同様なのが現状だ。

もちろん、ＯＪＴの質的な把握と効果の把握が重要な課題であることに異論を唱える企業は少ないだろう。しかし、独立行政法人　労働政策研究・研修機構（ＪＩＬＰＴ）の調査によると、ＯＪＴにあたって「とにかく実践させ、経験させる」方針の企業が、59・3％にのぼっており、「身につけるべき知識や能力を示している」（39・7％）や「目指すべき仕事や役割を示している」（28・8％）方針の企業を大きく上回っている。

つまり、質や効果の把握は大事だとしても、とにかく仕事を経験させて覚えてもらうことを優先している企業が多いのが実情ということである。

それだけでなく、ＯＪＴが部門主導で行われるなかでややもするとブラックボックス化してしまい、それが人事部門や本社でＯＪＴの実施状況を全社的に把握することを困難にしているといった指摘もある。[3] このことは、ＯＪＴの効果を検証しながら質的な改善を図るといったような、他の投資分野で一般的に行われている仕組みがうまく機能しておらず、戦略的に進めていくことが難しい状況にあることを示唆している。

そのような状況下では、人材投資の費用対効果を測ろうとしても、投資額も効果も分からないということになりかねない。それでは、「人材こそ最大の経営資源」と自認していても、脆弱な基盤に成り立っているということになりはしないだろうか。もちろん、人材育成に熱意を持って取り組んでいる企業が、日本に数多く存在していることは言うまでもない。そうした企業からすれば、このような指摘は心外であろう。しかし、ここで心外だと思った企業ほど、自社の人材育成投資を正確に把握し、その効果を適切に測定・分析する必要性を感じているはずである。

5　スキル開発に偏重する日本企業の人材育成が採り入れるべきものとは

日本企業の人材育成で考えるべきことは、こうした実態の把握と効果測定に限らない。例えば、これまでの教育研修は、対象となる人材を一カ所に集めて対面で行われることが多かった。ただ、このような集合型・対面を前提とした研修スタイルは、コロナ禍でオンラインに置き換える企業が一気に増えている。コロナ禍が終息しても、オンラインに移行したすべての教育研修が対面に戻るとは考えにくいだろう。

今後も、オンライン化の動きが加速し、様々な形でデジタル技術がさらに活用されるよ

3　ＯＪＴや職場の実情については、守島（２０２１）に詳しく論じられている。

うになれば、皆で集まって同一の内容を学ぶスタイルを固守する必然性もなくなる。むしろ、テーマによっては、研修対象者のタイミングやニーズに応じて、どこからでも必要な教育研修を受けるようになることが一般的になるだろう。個人によって異なる研修ニーズに対応した内容を、いつでもどこからでも受けられる仕組みをオンラインで提供する取り組みは、米国西海岸の企業や一部の日本企業ではだいぶ取り入れられるようになっている。

既に、働く人によって必要とするスキルが多様化しつつあり、企業側としても柔軟な研修体系を提供することが求められるようになっていることも、こうした動きを後押ししている。集合・対面型とオンラインそれぞれの良さをうまく組み合わせることができれば、これまで以上の教育研修効果を生み出すことも期待できる。

また、人材の流動化が進むなか、必要なスキルを持つ人材を育成するだけでなく、外部から獲得するケースも増えてきている。組織のパフォーマンスを向上させていくには、そうした人材を組織になじませ、組織のなかで活躍してもらうことが重要だ。そのためには、組織のパフォーマンスを向上させる「組織開発」の取り組みに注力することが求められる。

また、我々の研究会で実施した従業員に対するアンケート調査を見ると、能力やスキルに対する投資だけでなく、従業員の価値観や感情、態度といった「マインド的」な側面への投資の重要性が示唆されている。これは、働くうえでスキルや能力も重要だが、自律的に仕事に向かうマインドの醸成が創造性などを含む「生産性」向上に影響を及ぼしていることを示している。通常このような投資は、人材育成の一部としてみなされていないことも多い。しかし、組織のパフォーマンスや生産性の改善に貢献する人材を育成するうえで重要な役割を果たす要因であるなら、そこへの投資を人材育成に含めない理由はない。

日本は、主要先進国と比較して生産性が低く、経済の成長余力にも欠けると指摘されるようになっている。米国の６割弱程度でしかない生産性を向上させなければ、企業の発展や働く人の豊かさを実感できるようにはなかなかならないだろう。

日本の生産性が主要国より低くなってしまっている要因は様々あるが、人材をうまく活用し切れていないことも大きい。そうしたボトルネックを改善するためにも、人材を育成するための投資をどのようにしていくべきかをあらためて考えることが求められている。

本書では、このような人材投資のあり方について、次章以降で展望していくことにしたい。

2. 従業員アンケート調査

企業が行う「人材育成の投資」と従業員の「生産性」の関係を明らかにすることを目的にインターネット調査を実施した。調査対象は、人材育成の「違い」や「特徴」をより明確にするため、日系企業および外資系企業に勤める20代から40代の男女2,297名である。同一の回答者に対し、2020年4～9月にかけて3回の調査を行っている。

従業員アンケート調査概要

1. 調査対象	日系・外資系企業に勤める正社員 ※「外資系」とは「外国法人・投資家が株式の51%以上を所有する企業」と定義 ※「外資系社員」とは「外資系企業の日本法人で働く正社員」である ※組織開発等の効果を測定するために、従業員数300名以上の企業を調査対象とした ※農業・林業・漁業などの第一次産業および公務員は調査対象外とした ※大卒以上を調査対象としている
2. 調査期間	第1回：2020年4月24～30日 第2回：2020年5月8～14日 第3回：2020年8月27日～9月4日
3. 調査方法	インターネット・モニターを用いた調査
4. 回答者数	第1回：2,297名（男性1,198名：女性1,099名） 第2回：2,006名（男性1,061名：女性945名） 第3回：1,708名（男性917名：女性791名）
5. 年齢構成	20代：745名（日系646名：外資系99名） 30代：972名（日系449名：外資系523名） 40代：580名（日系249名：外資系331名）

※日系・外資系を問わず、回答者はほぼ全員が日本人である
※外資系企業の本社所在地は北米圏が53.7%、欧州・ヨーロッパ圏が37.4%、アジア圏が7.2%、その他1.7%であった
※本調査における「生産性」や「教育訓練の充実度」などは、すべて従業員の「主観」にもとづいて評価されている。そのため、人によって過大評価もしくは過小評価をすることが考えられるが、統計的には従業員個人の主観的評価と客観的評価は一定の相関関係があるという前提に立って分析をしている。また、客観的事実よりも「従業員本人の認識・知覚（従業員自身がどのように考え、感じているか）」が重要な意味を持つ場合も多い。そのため、分析の限界はありつつも、従業員視点の調査は新たな知見・示唆をもたらすことが期待されるため、本研究では主観的データによる分析を行った

本書で言及されている調査について

本書は、公益財団法人日本生産性本部の研究会で本書執筆陣が行った日米企業へのヒアリング調査（第１章・第２章）、従業員アンケート調査（第３章・第４章・第５章）をもとにしている。調査の概要は以下の通りである。

1. 日米企業へのヒアリング調査

2019年12月から2020年９月にかけ、東京と米国カリフォルニア州に所在する企業13社、24名の人事責任者にヒアリング調査を実施。各社の人材育成の特徴や私的な取り組み、人材投資の現状や課題、統計に表れない人材投資について実態把握などを行った。

ヒアリング調査対象企業一覧

企業	業種	調査地	調査時点	調査方法
A社	総合重工業	本社（東京）	2019年12月	対面
B社	日用消費財	本社（東京）	2020年１月	対面
C社	ホテル	本社（東京）	2020年１月	対面
D社	運輸	本社（東京）	2020年１月	対面
E社	IT（グループウェア）	本社（東京）	2020年３月	遠隔
F社	半導体製造装置	本社（東京）	2020年８月	遠隔
G社	生活用品小売	本社（東京）	2020年９月	対面
H社	医療機器	在日拠点（東京）	2020年２月	対面
I社	医薬、医療テクノロジー	ビジネスユニット本社（カリフォルニア）	2020年２月	対面
J社	ITスタートアップ（ソフトウェア）	本社（カリフォルニア）	2020年２月	対面
K社	アパレル	本社（カリフォルニア）	2020年２月	対面
L社	エンタテインメント	ビジネスユニット本社（カリフォルニア）	2020年２月	対面
M社	人材派遣	在米拠点（カリフォルニア）	2020年２月	対面

付表 2　従業員調査回答者の概要：日系・外資系別の職種割合

	企業区分			
	日系		外資系	
	人数	割合(%)	人数	割合(%)
営業	306	22.8	312	32.7
一般事務	199	14.8	105	11.0
商品企画・マーケティング	44	3.3	56	5.9
経営企画・事業統括	28	2.1	19	2.0
人事・労務	49	3.6	19	2.0
総務	34	2.5	16	1.7
経理・財務	42	3.1	23	2.4
法務・広報・IR	13	1.0	9	0.9
接客・サービス・販売	105	7.8	57	6.0
店舗運営・管理	10	0.7	4	0.4
福祉・介護サービス	4	0.3	0	0.0
医療関連	23	1.7	12	1.3
金融系専門	17	1.3	17	1.8
不動産系専門	3	0.2	2	0.2
建築・土木系専門	23	1.7	2	0.2
WEB・インターネット・ゲーム関連	4	0.3	3	0.3
IT エンジニア（SE・システム開発等）	118	8.8	81	8.5
エンジニア（機械・電気・半導体等）	74	5.5	33	3.5
専門・技術	37	2.8	27	2.8
研究・開発	98	7.3	69	7.2
生産管理・品質管理・工場関連	59	4.4	25	2.6
運輸・配送	15	1.1	6	0.6
出版・編集	2	0.1	1	0.1
クリエイティブ	8	0.6	3	0.3
コンサルタント	3	0.2	36	3.8
調査・リサーチ	2	0.1	0	0.0
講師・インストラクター	3	0.2	3	0.3
各種学校教員	0	0.0	0	0.0
公共サービス・団体職員	0	0.0	0	0.0
その他	21	1.6	13	1.4
合計	1,344	100.0	953	100.0

付表１　従業員調査回答者の概要：日系・外資系別の業種割合

	企業区分			
	日系		外資系	
	人数	割合(%)	人数	割合(%)
製造業	404	30.1	360	37.8
建設業	51	3.8	4	0.4
流通・小売・卸売業	117	8.7	76	8.0
航空・鉄道・運輸・郵便業	71	5.3	29	3.0
電気・ガス・熱供給・水道業	24	1.8	4	0.4
情報通信業	29	2.2	10	1.0
IT・インターネット・情報サービス業	107	8.0	93	9.8
SIer・ソフト開発・システム運用	43	3.2	30	3.1
商社	26	1.9	9	0.9
銀行（都市・信託・政府系）、信金	112	8.3	10	1.0
証券・投資ファンド	16	1.2	13	1.4
クレジット・信託・リース	17	1.3	1	0.1
生命保険・損害保険	71	5.3	101	10.6
不動産業	34	2.5	8	0.8
介護・福祉業	10	0.7	0	0.0
医療・医薬品・医療機器	28	2.1	77	8.1
宿泊業	10	0.7	9	0.9
飲食サービス業	11	0.8	12	1.3
生活関連サービス業	45	3.3	5	0.5
レジャー・娯楽・エンタテインメント業	16	1.2	9	0.9
人材紹介・派遣	21	1.6	18	1.9
マスコミ（放送・新聞・映像）	10	0.7	0	0.0
広告代理店・PR・SP・デザイン	4	0.3	3	0.3
出版・印刷業	2	0.1	0	0.0
コンサルティング・シンクタンク	10	0.7	49	5.1
教育・学習支援業	20	1.5	4	0.4
調査・リサーチ業	3	0.2	3	0.3
その他	32	2.4	16	1.7
合計	1,344	100.0	953	100.0

第2章

日本企業の人材マネジメントは時代遅れになっていないか？

- これまでの日本企業の人材マネジメントは、長期雇用を前提とし、従業員のキャリアを社内で形成させるものであった。つまり、いわゆる内部労働市場の活用に重きを置いた人材マネジメントである。今後は、社外の労働市場（転職市場）、つまり外部労働市場を意識した人材マネジメントへと、速やかに移行していかなければならない。
- 外部労働市場（転職市場）を意識した人材マネジメントは、外部労働市場からの人材の受け入れと送り出しを円滑にする仕組みである。それには少なくとも、①外部からの人材の受け入れ体制の整備、②転職していった者とのネットワークづくり、③処遇面での外部公平性の確保、④従業員の外部労働市場でのエンプロイアビリティの確保、の4要素が必要である。
- これまでとは異なる人材マネジメントには、より戦略的な人材マネジメントが肝要である。事業計画の実現に必要な人材の質と量を見極め、外部獲得を視野に入れ、人事もビジネスユニットも常に外部へとアンテナを張り巡らせておく必要がある。

１　現行の人材マネジメント運用上の問題点

見えてきた綻び

これまでの日本の人材マネジメントは長期雇用を前提とし、新卒で採用した人材に社内の様々な業務を経験させるＯＪＴと、集団研修中心のＯｆｆ－ＪＴを実施することで育成し、従業員のキャリアを社内で形成させるものであった。チームで一つの業務を行い、チーム内の仕事は何でもすることを前提としてきた。このような働き方を勤務地や部署を変えて行うことで、社内でキャリアを積み、ネットワークを築いていくのである。

また、長期にわたって雇用を保証し、全員に昇進のチャンスを与えることで、社員のモチベーションを保つ方式を採っていた。30代で係長になり、30代後半から40代前半で課長になり、その後はさらに上の役職を目指すといった、単線的なキャリア展望が代表的であった。

一方、若いときには給与が低く抑えられており、長期で同じ会社に勤めてキャリアアップしなければ、キャリア中盤以降の給与の伸びを経験できず、若いときに奉公した分を取り戻すことができない仕組みである。この仕組みによって、従業員には長く同じ企業に勤務するインセンティブが生まれた。

このような人材マネジメントのあり方は、企業内部の人材プールの活用に重きを置いている。つまり、企業内部の労働市場（内部労働市場）に依拠した人材マネジメントであると言える。この仕組みがあることで、企業には一定数の従業員を長期で確保し、彼らの人事権を掌握し、社内の人材配置を柔軟に行えるという利点があった。

しかし、この制度には人材配置や採用上の綻《ほころ》びが出てきている。この制度の綻びと見られる現象は、主に3つある。それは、①人々が仕事にやりがいを感じていないこと、②自ら学ぼうとする人が少ないこと、③離職が多いことである。

人々が仕事にやりがいを感じていない

人が行動を起こすモチベーション（動機づけ）には、外部からの刺激によるもの（外発的動機づけ）と個人の内部から湧き出るもの（内発的動機づけ）がある。昇進・昇格、年

図表 2-1　日本の平均年収の推移

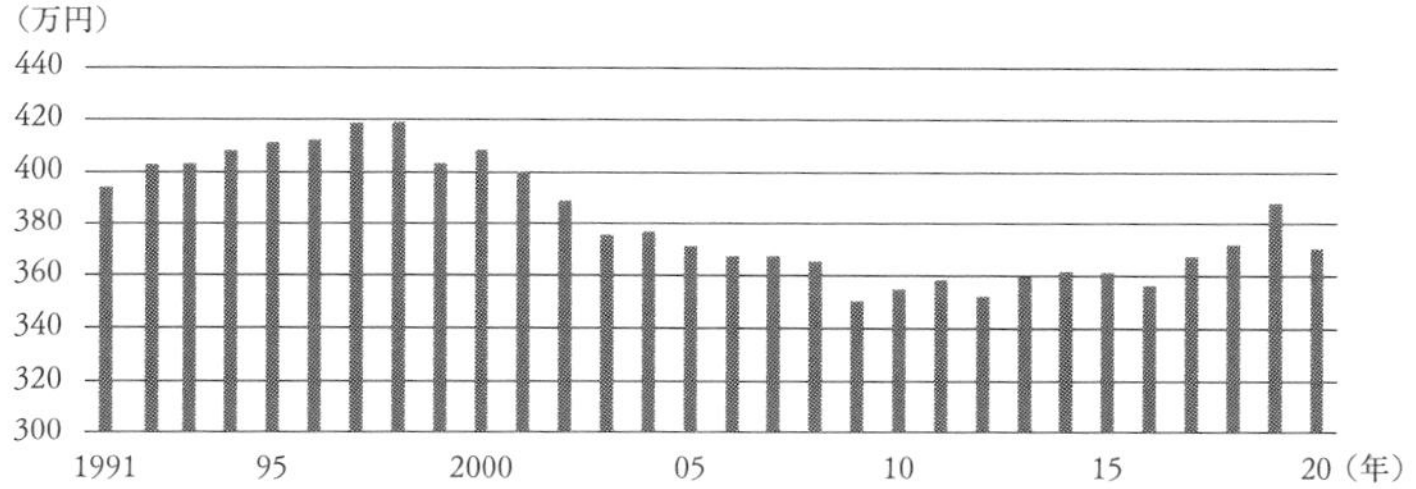

（出所）国税庁、民間給与実態統計調査結果（給与所得者数・給与額・税額）より算出

収アップは、外発的動機づけの典型例である。

まず、外発的動機づけと関連の強い、年収について見ていく。図表２－１に示すように、日本の平均年収は未だ１９９０年代の水準には及ばない。しかも２０２０年には、コロナ禍の影響で低下している。２０２２年からは、国際物流の高騰、資源高、ウクライナ戦争、円安などの影響が統計にも表れると考えられるので、低下または横ばいであることが予想される。

また、入職年の賃金を1とした場合、就職5年目から30年目にかけての賃金が入職年と比べ実質で平均何倍になったかを「賃金プロファイル」と言う。この賃金プロファイルを分析した研究では、標準報酬月額を用いて、初職で継続勤務した新卒正規男性雇用者のデータを分析すると、最近入職した世代ほど、5年後、30年後の賃金が、その上の世代と比べると低いという結果が得られている。[1] この現象は賃金プロファイルのフラット化として知られており、長く同じ企業に勤めても、若い世代はその上の世代と同じくらいの賃金の伸びが得られていないことを示している。

以上のデータや研究から、勤労者の賃金が伸びておらず、日本の勤労者は大幅な給与アップを望めず、外発的動機づけによるやりがいを得にくい環境で働いていることが分かる。

それでは、個人の内部から湧き出るモチベーション、すなわち内発的動機づけについてはどうであろうか。実は日本人の多くが仕事にやりがいを感じていないことが、複数の国際アンケート調査から算出される国際ランキングで示されている。様々な機関が算出しているが、どのランキングにおいても、総じて日本は下から数えた方が早いか最下位であることが多い。

例えば、人材サービス企業のランスタッドが実施した2021年下半期の調査では、日本は「キャリア選択の満足度」や「目標設定」において、34カ国中最下位、2022年上半期の調査では、「出世意欲」において最下位であった。[2] また、国際比較調査グループISSP（International Social Survey Programme）の2015年調査で、「仕事をおもしろいと考えるかどうか」については、31カ国中、男性は30位、女性は29位であった。[3] さらに、コンサルティング会社のコーン・フェリーが2020年から2021年に実施した調査では、「働きがい」を感じる社員の割合は日本では56％であり、23カ国中最下位で、最下位は6年間連続であるという。[4]

国内に目を向けてみると、例えばパーソル総合研究所が２０１７年から年１回実施している「働く１００００人の就業・成長定点調査」のデータからは、この数年で働き方改革に関する法整備が急速に進み、多くの企業で長時間労働が是正されてきていることや、会社に対する満足度が上昇していることが分かっている。にもかかわらず、仕事に対するポジティブな心理状態を示すワーク・エンゲージメントは、ずっと横ばいの状態で上昇が見られない。[5]

1　村田・堀（２０１９）
2　ランスタッドワークモニター（２０２２a、２０２２b）
3　村田（２０１８）
4　日本経済新聞電子版、２０２２年5月1日付「働き甲斐改革、道半ばの日本『仕事に熱意』6割届かず」(https://www.nikkei.com/article/DGKKZO60470400R00C22A5MM8000)
5　パーソル総合研究所、２０２１年12月3日「働き方改革の進展と働く人の心的状態の変化」(https://rc.persol-group.co.jp/thinktank/column/202112030001.html)

国内外のアンケート調査をもとにしたデータからは、日本の勤労者の内発的モチベーションが国際的に見て低くとどまっており、上昇の兆しが見えないことがうかがえる。これは、働き方改革をはじめとする人材マネジメントの改革が、長時間労働の是正といった計測しやすい一部にとどまっており、まだ道半ばだからと言えるのではないだろうか。

以上から、現状の人材マネジメントのままでは、外発的動機づけ、内発的動機づけの両方が利きづらい状況であると言える。外発的動機づけの低さは、内発的動機づけの低さと連動している可能性がある。

冒頭で述べたように、これまでの日本企業の人材マネジメントでは、若いときには給与が低く抑えられており、キャリア中盤以降に給与が伸びる特徴がある。しかし、賃金プロファイルの伸びが低く推移している現在、長期で同じ企業に勤めるインセンティブが低下していると言えよう。そのような状況では、将来的な展望が描きづらく、内発的動機づけも低く抑えられてしまっている可能性がある。

自ら学ぼうとする人が少ない

リクルートワークス研究所が、日本の働き方に関するデータを収集する目的で、全国約５万人の同一個人の就業実態を追跡し、毎年アンケート調査（「全国就業実態パネル調査（ＪＰＳＥＤ）」）を実施している。[6]

一連の質問項目のなかで、「仕事に関わる知識や技術の向上のための学び（例えば、本を読む、詳しい人に話をきく、自分で勉強する、講座を受講する、など）」に関する回答を見てみよう。ここでは正規職員（正社員）の回答だけを取り上げる。

２０２１年の調査では、こういった学びを「行った」と回答した人は４割に満たず、実に６割以上の人が「行わなかった」と回答した。図表２－２に各年代別の結果をまとめているが、特に中高年層（40歳以上）で学びを「行わなかった」傾向が大きい。性別による回答差は少なく、学びを「行わなかった」のは男性で60・７％、女性で62・８％であった。

同様の結果は、我々が行った調査でも明らかになっている。外資系企業と日系企業を比較した場合、自己啓発による学びを行っている従業員の割合は、外資系企業に多く日系企

6　結果はデータベース化されており、オンライン上で公開されていて、だれでも閲覧できる（https://jpsed-stat.com/）。

図表2-2　仕事に関わる知識や技術の向上のための学び

年齢	行った	行わなかった	回答者数
全年代	38.6%	61.4%	17,666
15～19歳	45.9%	54.1%	145
20～29歳	40.5%	59.4%	2,530
30～39歳	41.5%	58.5%	5,195
40～49歳	36.6%	63.4%	4,527
50～59歳	36.3%	63.7%	3,775
60～69歳	35.3%	64.7%	1,255
70歳以上	40.6%	59.4%	239

（出所）リクルートワークス研究所「全国就業実態パネル調査（JPSED）」2021年データより筆者作成。「あなたは、昨年1年間に、自分の意思で、仕事にかかわる知識や技術の向上のための取り組み（例えば、本を読む、詳しい人に話をきく、自分で勉強する、講座を受講する、など）をしましたか。」への回答。正規職員（正社員）の回答だけを抽出

業に少なかった。

中高年社員については、過去10年ほどで管理職のプレイングマネジャー化、役職定年制導入などで、厳しい職場環境になっている。学習に割く時間を持てなかったり、キャリア展望が描きにくい状況であったりもするのだろう。また、家族のいる人の場合、特に40代は家族に割く時間が増える。

しかし、リクルートワークスの全国就業実態パネル調査の過去のデータを分析したレポートでは、単に時間があるからといって人は学ばないと結論づけられている。むしろ学ぶことで、昇進・昇格、年収アップ、などのポジティブなキャリアの見通しにつながる場合にこそ、人は自ら学ぶのではないかというのである[7]。つまり、

現状では、従業員は自らのキャリアについて、ポジティブな展望が描けていないのだと言える。

人はやりがいを感じることに対しては、自らそのことについて調べたり情報収集したりしたくなるものである。しかし、今の仕事に魅力を感じていない場合、その仕事への学びの内発的動機づけにはつながりにくい。学びに時間を費やすことに消極的になるのは、ある意味自然なことである。

離職者が増えている

マクロ雇用統計から浮かび上がるのは、大企業においてこれまで主要な働き手とみなされてきた男性の離職が増えたことである。大企業の男性社員は、従来あまり離職をしなかったカテゴリーの人たちである。

7　萩原（２０１９）。このレポートは２０１８年データを用いているが、２０２１年データとの間には大きな違いは認められない。２０１８年データから得られた知見は、概ね現在にも当てはまる。

図表 2-3　離職率の推移（男女別）

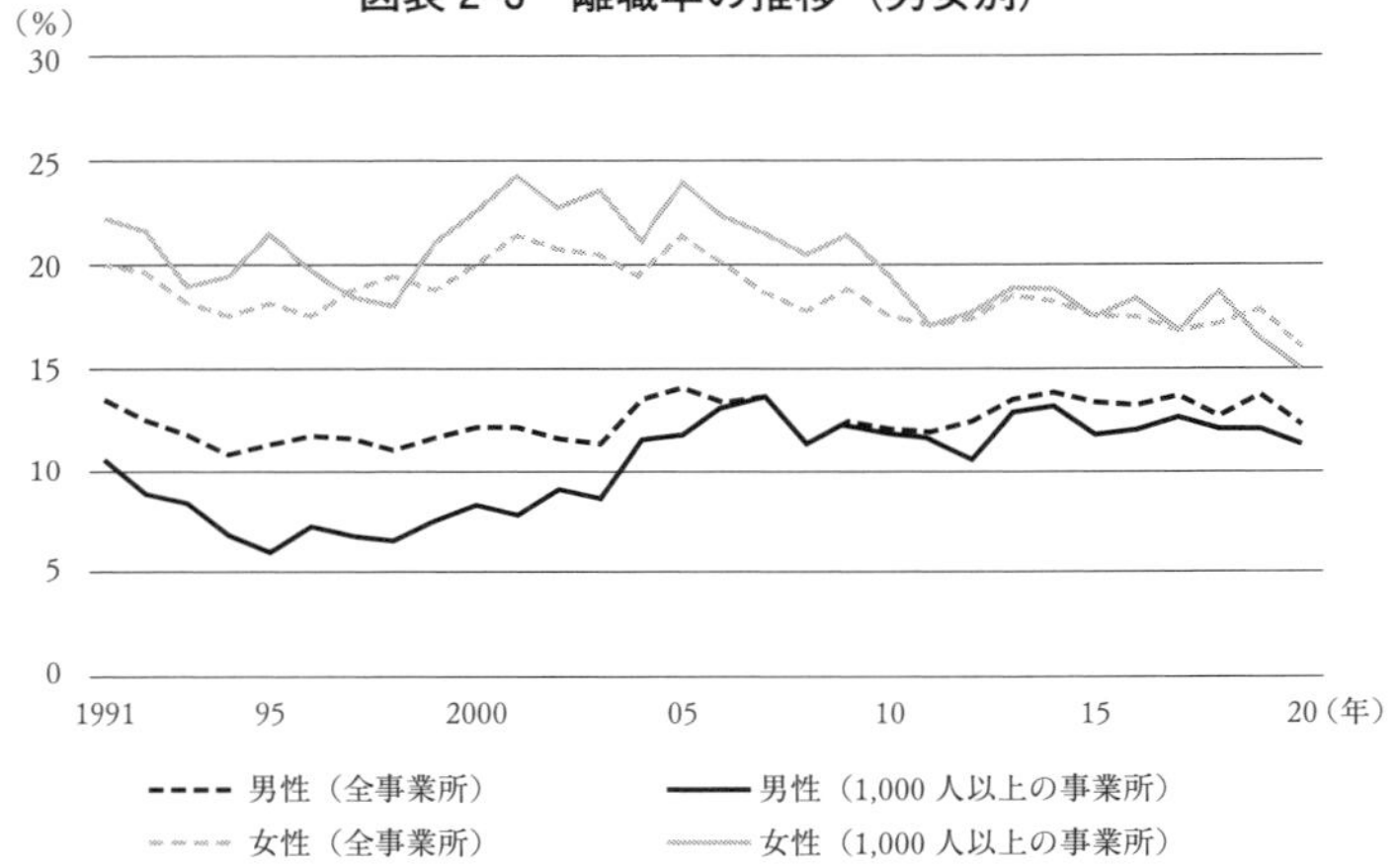

（出所）厚生労働省（2021a）雇用動向調査「企業規模別入職・離職率」より筆者作成。男女ともに全事業所の離職率には公官庁を含む（1,000 人以上の事業所には公官庁は含まない）

図表２－３にあるように、男性の全事業所の平均離職率（黒の破線）と１０００人以上の事業所の平均離職率（黒の実線）を比べると、２００３年までは後者が前者より3ポイント以上低い。つまり、大企業の男性従業員の離職率は全体の平均を下回っている。しかし、２００６年以降は全事業所の平均離職率に追いつき、両者の間には大きな差がない。つまり、大規模企業の男性離職の傾向が、一般的な離職傾向に近づいてきたということである。

離職についてよく問題にされるのは、若手従業員が辞めていくことだろう。それは、日本企業の採用の主軸が新卒者であるためである。

よく「新卒は3年以内に3割が辞める」と言われるが、これは厚生労働省が毎年公表する新卒の3年以内の離職率のことを指していると思われる。しかし、この統計値は近年になって特に増加したわけではなく、大学卒の場合、１９９５年から今に至るまで30・０%から36・６%のボックス圏内をほぼ横ばいで推移している。[8] つまり、「新卒は3年以内に3割が辞める」のは、今に始まったことではない。

ただし、離職率には産業によって違いがあり、小さい事業所ほど、また労働集約的な産業ほど離職率が高いことが知られている。[9] 宿泊業・飲食サービス業、生活関連サービス業・娯楽業、教育・学習支援業、医療、福祉、小売業などがそれで、実際に我々のヒアリング調査でも、これらの産業に関連する企業から、従業員の離職を懸念するコメントが寄せられた。少子高齢化の現在、労働集約的な産業で若手が辞めてしまうことは、他の産業での離職と比べると痛手が大きく感じられるのであろう。

8　厚生労働省（２０２１b）
9　同右

個人を対象とした各種調査からは、個人の転職への意識が大きく変わり、転職に抵抗がなくなっていることがうかがえる。

例えば、マイナビが正社員を対象として実施した調査では、転職率は近年高まる傾向にあり、2016年から2019年にかけて上昇し、2020年に下がったものの、2021年には2019年と同レベルまで回復したという。[10] また若い世代（20〜30代）の転職率は、上の世代（40〜50代）に比べてより高いという結果が出ている。

さらに、日本生産性本部の新入社員意識調査[11]によると、2010年から2018年にかけて、「自分のキャリアプランに反する仕事を、我慢して続けるのは無意味だ」との設問に対し、「そう思う」と回答した人の割合が16・5％から38％まで上昇した。

転職への意識が変化している理由には、労働時間や休日等の労働条件が合わないことを転職の理由に挙げる勤労者が多い。[12] むしろ、若年労働者に限ってみれば、給与面の条件よりも、労働時間や休日等の労働条件をより重視する傾向にあることが分かっている。[13]

このように、働く人の意識の変化が急速に進んでいることに加え、先に述べたように、同じ企業に長く勤めても以前のようには給与が上がらないということがあるだろう。すなわち、長く同じ企業で働くモチベーションが低下していることも離職が増えている理由であると考えられる。

また、転職しやすい環境が整ってきたことも、離職への心理的障壁をより一層下げていると言えるであろう。転職市場（外部労働市場）から中途採用を増やす企業も、以前より増えており、両者をつなげる転職ビジネスも活況である。今後もこのような傾向は続くであろう。

内部労働市場型人材マネジメントの限界

前項までは、①人々が仕事にやりがいを感じていないこと、②自ら学ぼうとする人が少ないこと、③離職が増えていることを指摘した。この３つは、従来の日本企業の人材マネ

10　マイナビ・キャリアリサーチＬａｂ（２０２２）。２万人の正社員を分母とし、実際に転職した者の割合を転職率としている。
11　日本生産性本部（２０１８）
12　厚生労働省（２０２１ｃ）
13　同右

ジメント、すなわち内部労働市場型の人材マネジメントの綻びであると言える。そして、この3つの綻びは互いに関連し合っている。

冒頭でも述べたように、内部労働市場型の人材マネジメントは本来、長期にわたって雇用を保証し、全員に昇進のチャンスを与えることで、社員のモチベーションを保つ仕組みであった。また、若いときには給与が低く抑えられ、キャリア中盤以降に給与が手厚く支給されるはずのシステムであった。

しかし、データや賃金プロファイルの研究から明らかなように、給与は伸びておらず、人々は仕事にやる気を見出していない。また、転職に対する抵抗意識が低下しており、離職しやすい環境が整ってきている。そのなかで安定的な長期雇用をインセンティブと感じず、また、将来給与が上がることが期待できないと感じる従業員が、転職してより良い職場を求めるのは自然なことと言える。

本書では、企業サイド主導の人材育成（内部労働市場型人材育成）が限界を迎えていることを問題視している。すなわち、社内（内部労働市場）の様々な業務を経験させるＯＪＴと、集団研修中心のＯｆｆ－ＪＴを実施し、従業員のスキルアップや経験値の上昇を促しながら、従業員のキャリアを社内で形成させるシステムが、機能障害を起こしていると言えるかもしれない。

内部労働市場型のキャリア形成システムがうまく機能していないこともあり、働く人々は自らのキャリアについてポジティブな展望が描けていないように見受けられる。そのため、自ら学ぼうという意欲をも失っている現状がありそうである。逆に向学心があり、自らのキャリア開発に積極的に向き合う人は、社内でのキャリア形成が困難となれば、転職を通じてそれが可能な他社へと移っていくであろう。

また、待遇面（労働時間、勤務条件等）が自分の望むものとマッチしない場合、特に若年勤労者は転職を検討する傾向が強い。この先の長い勤労人生を考慮に入れると当然のことと言える。

離職、つまり、働く人にとっては転職市場（外部労働市場）への参入が増えていることは、日本社会全体にとって必ずしも悪いことではない。転職市場の拡大と活性化は、個人にとっても企業にとってもプラス面が多い。

例えば、これまでに見てきたように、転職による給与アップ、待遇改善、ポジティブなキャリア展望を描けるようになる、といった点は、個人にとっての大きなメリットである。現職に多大な不満やストレスを抱えている人は、転職によって他社に移る選択肢のある方が幸せではないだろうか。

また、企業にとっては、離職によって余計な職場環境の悪化を軽減できる効果がある。強い不満やストレスを抱えた人材を雇い続けると、将来的にその人の生産性が著しく下がる可能性があり得策ではない。十分に実力を発揮しないまま働き続けるアンダー・パフォーマンスの従業員を多く抱えるよりは、そういった人材を放出する方がよいかもしれない。

かつての長期雇用（終身雇用）下では、たとえ仕事や職場に大きな不満がある場合でも転職がほぼ不可能か、個人が大きな所得損失を覚悟のうえでしか行えなかった。不満があるまま現職で働き続けなければならず、仕事への意欲や生産性の著しい低下を招く危険性があった。このような状況は、企業、働く人の双方へのマイナス効果が大きい。

離職には、会社に残ってほしい人材が辞めていくといった負の側面がある一方、個人にも企業にもメリットが生じる側面もある。さらに社会全体で見たプラス面の一つとして、成長産業への人材の移動を促進する可能性もある。多くの企業にとって新卒採用は今後も採用活動の一部をなすであろうが、離職に対応した人材マネジメントシステム、特にキャリア支援のシステムを構築できるかは、日本企業の今後を左右するであろう。

2　外部にも開かれた人材マネジメントという考え方

外部労働市場とは、企業の外部の労働市場、つまり第二新卒を含めた転職市場、および、新卒採用市場のことである。

今後は、外部労働市場からの人材の流入と、外部労働市場への人材の流出がともに増加していくことに留意し、「外部に開かれた人材マネジメントシステム」を構築すべきであると考えられる。

外部労働市場を意識すべき理由

内部労働市場型の人材マネジメントの限界の一つとして、人々の自主的な学びへの意欲が薄いことを挙げた。加えて第１章で述べたように、企業の人材投資は以前と比べると低下している。

こういった現状は、日本経済が抱えるより大きな問題、すなわちデジタル化を伴う産業構造変化への対応の遅れを人材不足の面から助長し、より一層諸外国のライバル企業に後れをとってしまうことにつながりかねない。

産業構造の変化自体は今に始まったことではないが、21世紀になってから特に顕著なのは、海外企業や異業種企業との競争関係の激化と高速化、さらに、産業のデジタル化による既存ビジネスの競争力の急激な低下である。

例えば最近話題のEV市場は、自動車とこれまで縁がないと思われていた異業種の参入と国際競争の端的な代表例である。2022年1月には、ソニーグループがEV市場に本格参入することを正式に表明した。このほか、アップル（米国）、鴻海精密工業（台湾）、バイドゥ（中国）、ダイソン（英国）、ファーウェイ（中国）、日本電産（日本）もEV市場への参入を表明している。[14]

EV市場への異業種参入は、デジタル技術の応用と関連があるのは周知の通りである。例えば、ソニーグループのEV市場参入はクルマをつくることが目的ではなく、クルマの頭脳に当たるソフトウェアや自動運転を可能にする技術の開発と普及に主眼を置いている。[15]これまで自動車メーカーがしのぎを削ってきたエンジン開発の世界とは、異次元の世界と言えよう。

デジタル技術の応用はＥＶに限ったことではなく、他の様々な産業、プロダクト、サービスに言えることであり、ひいては働き方に大きく影響を与える。例えば人工知能（ＡＩ）の影響もその一つである。様々な試算があるが、マッキンゼー・グローバル・インスティテュートによると、「日本においては、技術の進化に伴い、２０３０年までに既存業務のうち27％が自動化される見込みであり、結果１６６０万人分の雇用が代替される可能性がある」という。[16]

ビジネスがデジタル化・高速化していて、かつ、今の仕事のあり方に大きな変化が押し寄せている現在、社内人材の学び直し（リスキリング）を促すことと、社外からスキルを備えた人材を採用し定着させていくことが必要である。さらに、転職市場からこれまでより多くの人材が入ってくることで、社内の人材が多様化していくことに適切に対応してい

14　日本経済新聞電子版、２０２２年1月5日付「ＥＶ８００兆円市場を争奪　ソニー事業化へ、異業種参入加速」(https://www.nikkei.com/article/DGXZQOGN056K50V00C22A1000000/) 参照。
15　日本経済新聞電子版、２０２２年1月12日付「ソニー・カー、狙いは『ＥＶ』にあらず　ソフト改革焦点に」(https://www.nikkei.com/article/DGXZQODK1042T0Q2A110C2000000) 参照。
16　堀井・櫻井（２０２０）

く必要もある。

外部に開かれた人材マネジメントとは

外部に開かれた人材マネジメントは、外部労働市場から企業への人材の受け入れと、企業から外部への送り出しを円滑にする仕組みであると言えるのではないか。それには少なくとも、①外部からの人材の受け入れ体制の整備、②転職していった者とのネットワークづくり、③処遇面での外部公平性の確保、④従業員の外部労働市場でのエンプロイアビリティの確保の4要素があると考えられる。

1つ目の、「外部からの人材の受け入れ体制の整備」については、中途採用で獲得した人材が組織に速やかに定着し活躍することができるよう、導入研修や組織への定着を促す支援を含めたオンボーディングに力を入れていくべきであろう。この点については、第3章でより詳細に述べる。

2つ目の「転職していった者とのネットワークづくり」は、一度は企業を離れた人材の再採用を視野に入れた制度づくりのことである。実際、三井住友海上が中途退職者を「アルムナイ（卒業生）」と位置づけ、再入社の候補者とする方針を打ち出している。[17] 我々がヒアリングを行ったE社では、転職後数年間はE社に復職できる制度がある。

日本企業ではこういった取り組みはまだ珍しいが、今後広く導入されていく余地があると見る。

3つ目の「処遇面での外部公平性の確保」は、自社の従業員が外部労働市場（転職市場）でどのような評価を受けるのか意識し、自社の従業員に対して外部の相場と見劣りのしない処遇をすることである。

例えば、先述のE社では、新規採用者の約6割がキャリア採用であり、外部労働市場の情報を求職者の年収データや業界レポート等から積極的に収集している。そして収集した情報は自社の人事施策に反映させている。また、半導体関連企業のF社は、特化した専門技術を有するエンジニアを多く抱える企業である。激しいグローバル競争にさらされているため、社内の給与水準を競争的に保つべく、同業他社や外部労働市場の動向を常に注視

17　日本経済新聞電子版、2022年8月29日付「三井住友海上、中途退職者を組織化　再入社の候補者に」(https://www.nikkei.com/article/DGXZQOUB282CY0Y2A720C2000000) 参照。

しているという。同様の取り組みが、今後広がっていくものと見る。

4つ目の「従業員の外部労働市場でのエンプロイアビリティの確保」のためには、社内の人材が外部労働市場でも求められる人材であるように、必要なスキルアップや学び直し（リスキリング）について各人に対して個別に支援を行うことが必要となる。

そんなことをしては、他社に人材が流出するのではないかと考える読者もいるかもしれない。確かに、かつては企業の個別事情に特化した知識やスキル（企業特殊的人的資本）醸成こそが、企業の、人材を通じた競争優位の源泉であるとされ、従業員を社内で育成することが重視された。

しかし、近年の戦略的人事管理研究では、こういった施策は人材の流動性が高まった現在の状況には適さないという。むしろ、各従業員にとって所属企業が魅力的だと思える仕掛け（企業特殊的インセンティブ）を従業員に提供することで、人材流出を止め自社への定着を促し、人材を通じた競争優位を発揮できると言われている。[18]

すなわち、各従業員のニーズに合った人材投資（スキルアップやキャリアアップのための支援）やキャリアパスを従業員が選択できる制度があることこそが、従業員にとって所属企業の魅力度を高めることにつながり、ひいては企業の競争力を高めるというのである。

人材投資の個別化については、第3章で詳しく述べる。キャリアパスを従業員が選択できる制度（キャリアパスの複線化）については、次節で詳しく述べていく。

外部労働市場で選ばれるために

転職市場が拡大し（特に若年層の）離職の心理的障壁が下がった現代においては、魅力的な人事施策を打ち出さないと優秀な人材に企業を選んでもらえない。人々のライフスタイルが多様化した現代においては、単線的なキャリア展望とそれを生み出している画一的な人材管理のあり方は、特に20、30代の従業員のニーズに合わなくなっている。そのために働き方やキャリアパスの多様化ニーズに対応していく必要がある。

「多様性」や「ダイバーシティ」というキーワードの下で推進されてきた女性活躍推進、外国人採用、障がい者の積極雇用などは、デモグラフィー面での多様化であった。人材の顔ぶれが多様化すると、これまでの働き方やキャリア形成のあり方に限界が見られるよう

18　Kryscynski et al. (2020)

になり、働き方やキャリアパスの多様化ニーズが顕在化した。

例えば、子育てや介護と仕事を両立させなければならない従業員に時短勤務やリモートワークなどの柔軟な働き方を認めても、そういった従業員の代わりに長時間勤務が避けられない従業員が同じ部署にいる場合は、従業員間に摩擦が起きやすくなる。

逆に、子育てや介護と仕事を両立させなければならない従業員を第一線の部署に配置することを認めず、本人の希望とは裏腹に閑職に就かせるような場合、周りには影響はなくても本人の働く意欲が低下する可能性がある。

また、直近ではコロナ禍で急に始まったテレワークで、従来の働き方が十分には機能しなくなったことも頻繁に指摘される。

テレワークになじまない職務に就いている人（例えば、エッセンシャルワーカーや、生産、流通、建設などの現場で仕事に従事している人々）をどのように支援すべきか、チーム内のコミュニケーションをどう促進すべきか、新しく組織に加わる社員たちをどのように仕事と組織になじませるべきかなど、様々な混乱が生じた。

こういった軋轢や混乱から分かってきたのは、従業員の顔ぶれが多様化することだけがダイバーシティ（多様性）ではなく、人々の労働に対する価値観の多様性や、働き方やキャリアに対する見方の多様性への対応の遅れではないだろうか。さらには、多様な職務とそういった仕事に就いている人々への支援の難しさもあろう。

企業も、職場環境の改善を目的とした働き方改革や、ワークライフバランス施策をこれまでに実施してきた。しかし、今後はより踏み込んでやっていく必要があるだろう。つまり、一人ひとりの従業員のライフスタイル選択やそのときどきのライフステージに応じて、働き方やキャリアの方向性を選択できるような仕組みが必要である。こういった仕組みは、職務の多様性にも対応できるように設計される必要もあろう。

キャリアパスの複線化については、総合職と地域限定職といったカテゴリーや、総合職と専門職といった複線パスは既に存在するが、副業・兼業を可能にするといった、外部にも開かれた選択的なキャリア制度もキャリアパスの複線化と考えてよいのではないか。また、他社へ移った社員が自社に復帰できるような仕組みも、キャリアパスの複線化の一環で準備されていてもよい。

多様な働き方については、コロナ禍で多くの企業が導入したリモートワークは、今後も出社勤務と組み合わせて柔軟に使えるように制度化すべきであろう。ＩＴ業界を中心にリモートワークを前提とした「国内であれば居住地自由」という勤務条件の大規模な緩和に踏み切る企業もある。[19] もちろん、すべての企業がこういった措置をとることができるわけではないが、働き方の選択肢を増やす方向を止めることはできないであろう。

また、個別の家庭事情のために、従業員のキャリアがそこでストップしてしまうのは、得策ではない。よくある例が、女性社員が出産・育休取得後に職場復帰してマミートラックから抜け出せない、といったことや、中堅社員が親の介護のために時短勤務や一定期間職場を離れる場合にどのような措置をとるか、といった問題である。ライフステージに合わせてキャリアアップが緩やかになったり、駆け上がったりできるような環境を整えることが重要ではないだろうか。

さらに、急速なビジネス環境の変化に対応できる人材を育てる目的や、リカレント教育（学び直し）を目的として、近年、「越境学習」に注目が集まっており、様々な取り組みが行われている。[20]「越境学習」とは所属企業の枠を越えて異なる環境に身を置いて働きながら、今までに得ることのできなかった新しい体験や新しい視点を得るというものである。ワーケーション（リゾート地などでテレワークを活用して働きながら休みをとる過ごし方）、一時的な他組織への移籍、プロボノ（社会的な目的のために仕事のスキルや専門知識を生かして取り組むボランティア活動）などが代表例である。

我々が聞き取りをした外資系企業（Ｈ社）では、そういった取り組みが行われており、Ｈ社に国内大手電器メーカーの人材が越境してきたり、Ｈ社から他社へ派遣したりし、企業の垣根を越えて人材交流を試みているとのことであった。

以上のように、外部へと開かれた様々な取り組みを導入することで、企業は自らの魅力度を高めることができる。そういった努力が、いま働く人に選ばれるために求められているのではないだろうか。

今こそ人材マネジメントに戦略的思考を

外部労働市場を意識した、外部に開かれた人材マネジメントへと舵を切っていくために

19　日本経済新聞電子版、２０２２年６月３日付「ＤｅＮＡ、社員の居住地自由に　働き方多様化で人材獲得」(https://www.nikkei.com/article/DGXZQOUC0332T0T00C22A6000000/)、および、日本経済新聞電子版、２０２２年８月31日付「全社員に勤務地・職務明示　働き手の意識変化映す」(https://www.nikkei.com/article/DGKKZO63900030Q2A830C2TB1000)参照。

20　経済産業省（２０２２）

は、より戦略的な人材マネジメントが肝要である。戦略的人材マネジメントとは、企業の中期計画などに代表されるビジネス上の戦略と、それを実現していくために必要とされる人材像や、人材マネジメントのあり方を、整合させるべきだという考え方が根底にある。これは、戦略的人材マネジメント上、最も重要な考え方であり、戦略人事上の「縦の整合性」と言う。

例えば、デジタル技術を活用し、業務プロセスの改善や、ビジネスモデルの変革、ならびに組織風土の変革（いわゆるＤＸ）を起こすことが戦略である場合、その推進を担う人材が必要となろう。ＡＩ、ビッグデータ、機械学習に詳しいエンジニアやデータサイエンティストを確保することもさることながら、そういった人材と協働しながら、デジタル技術を新しいサービスやビジネスの創出につなげることのできるデザイン人材も必要となろう。また、全体のプロジェクトを管理できる人材も欠かせない。

こういった必要な人材を外部労働市場から獲得したり、社内人材に学び直し（リスキリング）を促したりすることで揃えていくことは、企業戦略と人材マネジメントの「縦の整合性」の例である。縦の整合性を保つためには、社内の複数の人事プロセスの間にも整合性がとれていなければならない。これを「横の整合性」と言う。「縦の整合性」を必要条件だとしたら、「横の整合性」は十分条件であると言うこともできよう。

例えば、前述のＤＸの例では、エンジニアおよびデータサイエンティスト、デザイン人材、プロジェクト管理人材など、様々な人材が必要となる。これらの人材のうち、社内で調達できない人材に関しては、外部労働市場から採用してくることが必要となろう。

しかし、希少性の高い人材の外部獲得には、例えば報酬制度の見直しや職務規定の見直しといった、人事プロセス間の整合性をとるための変更が伴うかもしれない。実際に、部分的に職務を限定したポストをつくったり、複線的な人材制度をつくったりする企業もある。こういった人事プロセス上の様々な変更は、戦略人事上の「横の整合性」の例である。

新たな経営環境のなかで、「縦の整合性」すなわち企業戦略と社内人材の整合性を確保するためには、外部に開かれた人材マネジメントが必要である。そのためには、「横の整合性」すなわち複数の人事プロセス間の整合性が保たれているかに目を配りながら、人材マネジメントの総合的改革を行っていく必要がある。

総合的改革という意味では、新卒一括採用についても今後大きく見直されてもよいのではないだろうか。新卒・既卒に限らず、必要な時期に必要な人数を雇用するといった方向性があってよい。

何よりも重要なことは、事業計画の実現に必要な人材の質と量を見極め、外部獲得を視野に入れておくこと、すなわち縦と横の整合性を保つことである。そのためには、人事もビジネスユニットも常に外部へとアンテナを張り巡らせておくべきだろう。

縦と横の整合性には、人事部門と事業部門間の戦略的なパートナーシップも欠かせないであろう。例えばそのためのツールとして、事業部門の戦略を支えるパートナーとしての人事部門の役割に着目した職務であるＨＲビジネスパートナー（ＨＲＢＰ）制度[21]の導入なども考えられるであろう。

21 人事部門のスタッフが事業部門の一員となって、人事とビジネスをつなぐ役割を果たしたり、事業部門内の人事担当スタッフが本部の人事部門と連携をとったりするなど、複数のパターンがある。企業のビジネス上の戦略を担う事業部門と人事部門がより緊密に連携をとる目的で設置される。

第3章

みんなで同じ研修から人それぞれの特徴を活かす方向へ

- 日系企業はこれまで、主に集団研修や先輩や上司との協働を通じて、従業員を「育成」してきた。しかし、キャリア採用の増加などにより、従業員のバックグラウンドが多様化している今、一人ひとりのニーズに即した、個別的「成長支援」が重要である。
- 社員一人ひとりも自らのキャリアを会社任せにはせず、自ら考え選んでいけるよう、能動的に取り組んでいく必要がある。キャリア・オーナーシップの実践である。
- 人材投資に関する施策や枠組みだけではなく、組織運営のあり方も変わらなければならない。転職したり離職したりして出ていく人が、今後もより増えることを前提とした組織として機能させていくことが、重要である。
- 組織運営の要はミドル・マネジメントであり、彼らにも個別化した成長支援が必要である。
- 経営者層養成は急務である。この層にもコーチングやアセスメントを用いた、個別化した成長施策が必要である。

１　人材育成という考え方とその限界

わが国の多くの企業で行われてきた人材育成は、会社がデザインした会社視点での人材育成である。年齢層や階層別に集団研修を実施してベースとなる知識や技術を習得させるＯｆｆ－ＪＴと、上司や先輩に指導を仰ぎながら仕事の習熟度を上げていくＯＪＴが中心であった。

こうした取り組みは、同じ立場の人間が交流し切磋琢磨することで、高い効果を得るねらいがあった。

例えばＯｆｆ－ＪＴを通じ、同期や入社時期の近い先輩後輩との定期的な交流、所属部署を越えた情報交換、仲間意識の醸成、社内（内部労働市場内）の競争などが促される。またＯＪＴを通じ、同じ部署の上司や先輩との協働を通じ、仕事の進め方や関係先（社内関係部署、社外の取引先等）との関係構築についてのスキルを高めるといった具合である。

こうした、企業が主体となって従業員のスキルを育成しキャリアパスを示す、会社主導の人材育成は、従業員の顔ぶれがあまり多様ではなく、また、多くの従業員が特定の会社で長期のキャリア人生を過ごす時代に適していた。つまり、社員属性の多様性が乏しく、ある程度どういう人材かが想定でき、求められるスキルセットが部署や入社後何年かで、ある程度想定できた。そのため、安定成長の時代には、人材投資を内部労働市場内で調整可能であった。

しかし、産業構造の変化によって安定成長が難しく、ビジネスの高速化に対応していかなければならない今、このような方法には限界がある。また、キャリア採用や外国籍社員の増加などを通じて、社員の顔ぶれが多様化していて、それぞれの専門性や求められる能力、役割は必ずしも同じではなくなっている。そのため、これからは、従業員一人ひとりの状況に合わせた、適切な成長の機会や支援が必要となる。

会社でのスキルアップ研修（Ｏｆｆ－ＪＴ）では、従業員一人ひとりのニーズに合わせることが難しい。また、先輩や上司の背中を見て学ばせるタイプのＯＪＴは、育成スピードが必要な時代にはそぐわないうえ、キャリア採用の従業員にそれを期待することは得策ではない。

むしろ今後は、従業員の自主的な学びを支援する取り組みが重要性を増すことなる。会社目線での人材育成ではなく、従業員の自主的な取り組みを促す人材投資へとマインドセットを切り替える必要がある。

変化に対応せず、これまでと同じ会社主導の人材育成を続けるとどうなるのか。第2章で指摘したような、不満やストレスを抱えた人材が実力を発揮せず働き続け、アンダー・パフォーマンス状態が解消されない状況が、延々と続くだろう。言い換えれば、従業員のエンゲージメントの低下を招いたり、既に低い状態がずっと続いたりするということである。これは企業と従業員の双方にとって望ましくない。

ではどうすればよいのだろうか。我々はこの問いのヒントを得るため、企業にヒアリング調査を行い、さらに、外資系企業と日系企業のそれぞれに勤める国内在住の勤労者にアンケート調査を実施し、両者の比較を試みた。外資系企業を比較対象とする理由は、日本国内においては、外資系企業が外部労働市場型の人材投資を行っていると考えられるためである。[1]

次節では、調査から得られた情報を整理し、外部労働市場を意識した人材投資のヒントを得る。

1　野尻（2007）

2 日系企業と外資系企業では人材投資にどんな違いがあるのか？

ここではヒアリング調査と定量調査の両方から得られた結果をもとに、日系企業と外資系企業の間には、人材投資のあり方の違いがあるのかどうか、あるとしたらどういった点なのかについて見ていく。

ヒアリング調査から浮かび上がった日米の違い

外部労働市場型の人材マネジメントの今を知るために調査地に選んだのは、米国カリフォルニア州北部である。コロナ禍が始まりかけた2020年2月下旬に現地に赴いた。

正規雇用のホワイトカラーワーカーに限って見ると、日本と比べた場合、カリフォルニアは圧倒的に人材の流動性が高い。特に巨大テック企業の労働市場への影響が大きいカリフォルニア州北部では、「とにかく社員の出入りは激しい」と、調査に協力してくれたどの企業の人事責任者も語った。
2、3年ごとに他社へ転職し、昇給とキャリアアップを目指すというのが、上昇志向のある者の姿勢である。「3年も同じ企業に働いていると、次の行き先がないのかとか、キャリアアップの意思がないのかと思われてしまう」のだそうである。つまり、企業は常に外部労働市場から人が出たり入ったりすることを前提に、人材マネジメントを行わざるを得ない。
日本ではかつてより正規雇用の転職市場が大きくなってきてはいるものの、カリフォルニア州北部とは比較にならない。特に、今回調査に協力していただいた日系企業はブランド力のある優良企業であるため、新卒時に正社員として入社した社員の大多数がその企業に残る傾向が強い。後で紹介する一部の企業を除き、ほとんどが長期雇用の前提で内部労働市場中心の人材マネジメントを行っている。

このような、外部労働市場型（カリフォルニア州北部）か内部労働市場型（日本）かの違いは、企業の人材投資のあり方に反映されている。カリフォルニアでは、できるだけ優秀な人を採用し、少しでも長く働いてもらう、あるいは、転職して出て行ってもまた戻ってきてもらうための投資がなされている。そういった投資の多くは、集合研修などの人材育成を通じてではなく、主に個別化したスキルアップの機会や充実した福利厚生の提供を通じて行われている。

訪問した在カリフォルニア企業では、社員はほとんどがキャリア入社であり、スキルや経験が多様であるから、統一した研修プログラムを提供しても高い費用対効果が見込めない。また、仕事に必要な要件を明確化して採用するため、その仕事が十分にできる人材を採用するから、仕事を行ううえで必要となるスキルを育てるための研修プログラムは必要ないのである。

むしろ、自分自身でスキルを伸ばしたいと希望している人材に対応できる、カスタマイズされたプログラムを提供する必要がある。コーチング、上長との１on１によるキャリア相談、ストレッチ・アサインメントと呼ばれる挑戦的な任務など、個別対応で成長機会を提供できるような人事制度設計に注力し、これを重要な人材投資と位置づけている。

また、どれだけ快適に働いてもらい、労働生産性を上げてもらうかということも、人材投資の観点から重視されている。仕事ができると分かっている人を採用するため、彼らが活躍しやすいような環境を整えることが大切である。ゆえに、福利厚生の人材投資としての重要性が認識されている。

例えば、日本と違い公共交通機関が発達していないカリフォルニアでは、居住地から職場まで直通の通勤手段を提供し、通勤の悩みを軽減することは、多くの大手企業にとって必須の福利厚生サービスである。また、公的な健康保険制度がない米国では、民間の医療保険への加入を補助したり一定程度の医療費を支給したりすることも、福利厚生の一環として重要視されている。その他、各種生活サービス（洋服のクリーニング、スポーツジム、場合によっては歯科治療など）を会社の敷地内で提供する企業もある。

ヒアリング調査から得られた日米の人材投資のあり方の違いは、日本に法人を置く外資系企業と日系企業の間の違いにも通じるのではないか。このような推測から、我々は日系企業、外資系企業に勤務する従業員に対して、アンケート調査を実施した。

Ｏｆｆ－ＪＴに関する違い

アンケート調査では、ヒアリング調査やこれまでの研究等をもとに、Ｏｆｆ－ＪＴに該当する活動をリスト化した。具体的には、次の20項目である。

①新入社員研修、②中途採用者向けの導入研修、③ダイバーシティ&インクルージョン

研修、④コーチング、⑤eラーニングなどのオンライン学習プログラムの提供、⑥社員自身が講師となって社員同士が教え合う勉強会、⑦語学研修、⑧スマホ・タブレットを使用したマイクロラーニングの提供、⑨キャリアカウンセリング、⑩コンプライアンス研修、⑪社内の業務管理システムの研修、⑫業務に必要な資格取得の研修、⑬安全衛生の研修、⑭マネジメント研修（階層別研修）、⑮コミュニケーション研修、⑯外部の有識者を社内に招いて行う講演・勉強会、⑰社員が希望する外部研修の支援・補助、⑱外部研修への派遣、⑲専門技術・能力を高める研修（法務・会計など）、⑳大学院等への派遣。

アンケートの回答者には、この20項目から「能力開発を目的とした『Ｏｆｆ－ＪＴ』について、自分が実際に受けたことのあるものを『すべて』選んでください」と依頼した。得られた回答をもとにクロス集計表の統計分析（カイ2乗検定）を行い、各項目を経験した者の数・割合に統計的に有意な差があるかどうかを検証した。結果、20項目のうち14項目で、日系、外資系の間に、統計的に有意な差が確認された（図表３－１）。

そのうち、統計的に見て、日系社員の方が経験した割合が多かったＯｆｆ－ＪＴ項目は、「新入社員研修」「業務に必要な資格取得の研修」「安全衛生の研修」「マネジメント研修（階層別研修）」の４項目であった。

図表3-1　日系・外資系企業のOff-JT比較

日系社員の方がより多く経験	外資系社員の方がより多く経験	日系・外資系で差がない経験	調整済み標準化残差
新入社員研修			13.4
	中途採用者向けの導入研修		11.5
	ダイバーシティ&インクルージョン研修		10.0
	コーチング		8.4
	eラーニングなどのオンライン学習プログラムの提供		6.5
	社員自身が講師となって社員同士が教え合う勉強会など		5.7
	語学研修		5.5
	スマホ・タブレットを使用したマイクロラーニングの提供		4.9
	キャリアカウンセリング		4.0
	コンプライアンス研修		3.2
	社内の業務管理システムの研修		3.0
業務に必要な資格取得の研修			2.3
安全衛生の研修			2.2
マネジメント研修（階層別研修）			2.1
		コミュニケーション研修	1.9
		外部の有識者を社内に招いて行う講演・勉強会	1.9
		社員が希望する外部研修の支援・補助	1.3
		外部研修への派遣	0.8
		専門技術・能力を高める研修（法務・会計など）	0.5
		大学院等への派遣	0

（矢印：上端「差が大きい」、下端「差が小さい」）

（注）「能力開発を目的とした『Off-JT』について、自分が実際に受けたことのあるものを『すべて』選んでください」という質問への回答

図表 3-2　過去 1 年間の Off-JT 経験

		人数	平均値（回）
過去 1 年間の Off-JT 経験	日系	1,210	2.5
	外資系	862	3.6

ただし、一般に日系企業は新卒入社が多く、外資系企業は中途入社が多い点を鑑みると、外資系企業では「新入社員研修」はほとんど実施されていないと考えられる。そのため、これを外すと、日系企業、外資系企業の両方で実施されているＯｆｆ－ＪＴのうち、日系企業の従業員が経験した割合が多いものとしては、「業務に必要な資格取得の研修」「安全衛生の研修」「マネジメント研修（階層別研修）」の3項目が考えられる。

一方、統計的に見て、外資系社員の方が経験した割合が多かったＯｆｆ－ＪＴ項目は10項目あり、日系企業との差が特に大きいのが、「中途採用者向けの導入研修」「ダイバーシティ&インクルージョン研修」「コーチング」であった。

また、「ｅラーニングなどのオンライン学習プログラムの提供」「社員自身が講師となって社員同士が学び合う勉強会」「語学研修」「スマホ・タブレットを使用したマイクロラーニングの提供」などの、より自主的な学習を伴うＯｆｆ－ＪＴも、外資系社員が経験した割合が多かった。

さらに別の設問では、年間で受けたＯｆｆ－ＪＴの回数を回答者に自己申告してもらった。結果、日系企業社員が平均２・５回、外資系企業の社員が平均３・６回のＯｆｆ－ＪＴを経験したとの回答であった（図表３－２）。

２つの数字の統計的有意差を確認するためｔ検定を実施したところ、実際に有意差が認められた。つまり、日系企業の社員よりも外資系企業の社員の方がＯｆｆ－ＪＴをより多く経験している傾向が確認できた。

ＯＪＴに関する違い

次にＯｆｆ－ＪＴと同様に、ＯＪＴに該当する活動をリスト化し、アンケート回答者にリストから「能力開発を目的とした『ＯＪＴ』について、自分が実際に受けたことのあるものを『すべて』選んでください」と依頼した。

リストには次の13項目が含められた。

①コーチング・メンタリング、②プロジェクト・マネジメントへの任用、③先輩社員からの実務を通した指導・アドバイス、④関連会社・子会社への出向、⑤新組織の立ち上げ、

⑥ジョブ・ローテーション、⑦事業部間の異動、⑧社員同士の教え合い・学び合い、⑨資本関係のない他社への出向・派遣、⑩新規事業の立ち上げ、⑪上司からの実務を通した指導・アドバイス、⑫行政機関・地域への出向・派遣、⑬国・地域間の異動。

得られた回答をもとにクロス集計表の統計分析（カイ2乗検定）を行い、各項目を経験した者の数・割合に統計的に有意な差があるかどうかを検証した。結果、13項目のうち5項目で、日系、外資系の間に、統計的に有意な差が確認された（図表3－3）。

そのうち、統計的に見て、日系社員の方が経験した割合が多かったOJT項目は、「先輩社員からの実務を通した指導・アドバイス」「関連会社・子会社への出向」であった。統計的に見て、外資系社員の方が経験した割合が多かったOJT項目は、「コーチング・メンタリング」「プロジェクト・マネジメントへの任用」「新組織の立ち上げ」であった。

調査から見えるこれからの人材投資の姿

一連の調査から、概ね日系企業と外資系企業の人材投資には違ったパターンがあり、日系企業が内部労働市場型であるのに対し、外資系企業が外部労働市場型である傾向が確認

図表 3-3　日系・外資系企業の OJT 比較

日系社員の方がより多く経験	外資系社員の方がより多く経験	日系・外資系で差がない経験	調整済み標準化残差
	コーチング・メンタリング		7.5
	プロジェクト・マネジメントへの任用		3.9
先輩社員からの実務を通した指導・アドバイス			3.1
関連会社・子会社への出向			3.1
	新組織の立ち上げ		2.6
		ジョブ・ローテーション	1.9
		事業部間の異動	1.2
		社員同士の教え合い・学び合い	1.2
		資本関係のない他社への出向・派遣	1.0
		新規事業の立ち上げ	0.5
		上司からの実務を通した指導・アドバイス	0.1
		行政機関・地域への出向・派遣	0.1
		国・地域間の異動	0.1

差が大きい

差が小さい

（注）「能力開発を目的とした『OJT』について、自分が実際に受けたことのあるものを『すべて』選んでください」という質問への回答

できた。

第1に、日系企業は新卒採用中心のため社員の多くが新人研修を、外資系企業はキャリア採用中心のため社員の多くが中途採用者向けの導入研修を経験している。日系企業でもキャリア採用は増える傾向にあるので、中途採用者向けの導入研修は増えていくだろう。ここにまだ力を入れていない企業は、本腰を入れて取り組むべきである。

「ダイバーシティ&インク

ルージョン研修」や「コーチング」を外資系企業の社員の方が多く経験しているのも、人材マネジメントが、外部労働市場型であることと関連があるだろう。

多くがキャリア採用で前職のバックグラウンドが多様であることに加え、外資系企業の日本法人は一海外子会社であるから、本社やリージョン（地域内）から派遣されてくる外国人社員と一緒に働く機会や、多国籍チームで働く機会も多い。インクルージョンにより文化や国籍も含めた多様なバックグラウンドの社員を活かすことで、企業のパフォーマンスやイノベーションにつなげるという意識は、特に欧米に本社を持つ外資系企業に強く見られる。そのためには、インクルーシブ（包摂的）な土壌を培うことがカギなのである。

第2に、日系企業では、「業務に必要な資格取得の研修」「安全衛生の研修」「マネジメント研修（階層別研修）」など、従業員の担当業務や職務レベルに即したOｆｆ－ＪＴが提供されるのに対して、外資系企業では「ｅラーニングなどのオンライン学習プログラムの提供」「社員自身が講師となって社員同士が学び合う勉強会」「語学研修」「スマホ・タブレットを使用したマイクロラーニングの提供」といった、自主学習を伴うＯｆｆ－ＪＴの機会が提供される傾向がある。

多くがキャリア採用の外資系企業の社員は、経験やスキルセットが多様であるうえ、職務要件を明確にした採用であるため、担当業務に関するスキルは既に有した状態で入社する。それだけに、足りない知識やスキルがあれば、集団研修を会社が提供するより各社員の自主学習で習得する方が早いし、コストも抑えられる。

さらに、日系と外資系で平均のＯｆｆ－ＪＴ経験回数に違いがあるのは、上記のようなＯｆｆ－ＪＴの機会提供のコストと関連があるのではないだろうか。つまり、集団研修のように受講者、企業側の双方にとって実際のコストも機会費用もかかる場合、自然と回数が絞られてしまう。しかし、ｅラーニングやマイクロラーニングなどのＩＴを利用することで、コストを下げながら、学習機会そのものは増やすことができるのである。

第3に、日系企業と外資系企業のＯＪＴの提供のされ方の違いには、職務が規定されていない日系企業と、職務が規定されている外資系企業の、働き方の違いがよく表れていると言えそうである。日系企業は、関連会社・子会社などグループ会社への出向を活用したＯＪＴに特徴がある。しかし、職務が特定されている外資系企業の従業員は、そもそもＯＪＴの頻度自体が低い。

一方、外資系企業は「新組織の立ち上げ」や「プロジェクト・マネジメント」など、事業を任せる形式のＯＪＴに特徴がありそうである。特定された職務の範囲内で事業を任せることは、従業員の職務が規定されている外資系では理にかなっていると言える。カリフォルニア州北部での調査でも、特に幹部社員養成を目的として、短期の海外赴任を伴う挑戦的なプロジェクトを任せるなどのアサインメント（ストレッチ・アサインメント）を課すという話を聞いた。

ストレッチ・アサインメントや修羅場経験を通じた成長促進の取り組みは、わが国企業であっても可能である。後述のように、意識的に幹部候補者養成の取り組みを導入していくのであれば、それに伴い挑戦的な成長促進の取り組みを実施していくことも、今後の人材投資の一つの方向性である。

3　自律型のキャリア形成と成長支援

前節では、外部労働市場型の人材マネジメントを行っている外資系企業や在カリフォルニア企業では、人材投資の個別化が認められた。今後、日本企業も外部労働市場を意識した人材マネジメントを行うことが肝要であると考えられるが、その場合、従業員のキャリア形成や成長支援はどのように変化していったらよいのだろうか。ここではキャリア形成と成長支援の方向性を模索する。

「従業員は自分に何が必要かを知っている」――キャリア・オーナーシップとは

日本企業はこれまでは主に会社主導で人材育成を行ってきた。従業員の受けるべき研修内容や将来のキャリア・デザインについて、企業が従業員に提案するという形式をとってきた。しかし、会社主導の能力開発には限界がある。今後は多様化する社員の顔ぶれに対応していくために、個々の成長を支援するというスタンスの人材投資へと、マインドセットを転換していく必要がある。

ただ同時に、成長支援への転換には企業の努力だけではなく、社員の側の努力や主体性も求められる。成長を望む姿勢や成長の方向性を、自ら企業に示していくことが必要となるからである。つまり、一人ひとりが自分自身の将来像を描き、能動的に成長機会を模索し行動することが求められる。

自分のキャリアの選択肢にはどのようなものがあるのか。今の職場でキャリアをさらに伸ばすには自分自身に何が足りないのか。現職で思い描くようなキャリアが望めない場合はなにをすればよいのか。自らのキャリアを所属企業の前例や会社任せにせず、自分から思考し行動することが求められる。これは、自分のキャリアは自ら選択し決めていくという、キャリア・オーナーシップの考え方にもとづいている。

実際、カリフォルニア州北部でのヒアリング調査では、かつては集団研修を実施していた企業であっても、現在は先に述べたようなマイクロラーニングやeラーニング、コーチングの機会を提供することで、成長支援の個別化に邁進している。

なぜならば、「従業員は何が必要かを知っている」からである。つまり、キャリアアップを求める人は、2、3年ごとに転職をするため、外部労働市場でどのような人材が求められているか、また、どのような経験やスキルが必要かを自覚していることが多いのである。

外部労働市場がまだ十分に機能していない日本では、すべての働く人に同様のキャリア・オーナーシップを求めるのは酷かもしれない。しかし、かつてのように上の人の言うことだけを聞いて社内で真面目にやっていればある程度昇進できる、といった時代ではないことは、多くの人が実感していることだろう。

また、転職する気がなくても、転職斡旋サイトに登録し、気軽に他社の年収や勤務条件等を知ることのできる時代である。年齢、業種等を入力すれば、同じ年代の人がどの程度の年収を得ているか等の情報は入手可能である。つまり、個人も企業も外部労働市場で従業員の経験やスキルがどの程度評価されるのかが、昨今はつかみやすくなってきているのである。

今、企業は、自社の従業員が外部労働市場でどのように評価されるのか、そして、マーケットペイを支払っているかどうかを意識し、そういった情報を個別的な人材投資へとつなげていく必要があるだろう。ある社員の社内の評価が過少と判断される場合は、より多く報いるべきだし、逆に過大である場合は、報酬に見合う分の働きができるようリスキリングを促すべきだろう。

成長支援に関する日系企業と外資系企業の違い

社員のキャリア・オーナーシップを重視する度合いの違いから、Ｏｆｆ－ＪＴ、ＯＪＴと同様に、外資系企業と日系企業の間には、成長支援への対応の仕方に関する違いがあるのではないかと推測した。

なかでも、社員の自主的な成長を支援する取り組みとして、自己啓発支援が考えられるため、企業で一般的に実施されている自己啓発支援の取り組みをリスト化した。そして、アンケート回答者にリストから「自己啓発活動に対する企業の支援について、所属企業で実施されているものを『すべて』選んでください」と依頼した。

リストには次の14項目が含められた。

①資格取得に対する報奨金・奨励制度、②副業・兼業の許可、③就業時間に対する配慮、④自主的勉強会のための社内システムの利用・提供、⑤資格試験の費用補助、⑥社員が希望する外部研修・セミナーの受講料補助、⑦自主的勉強会のための費用補助、⑧機材・ツールの購入補助、⑨専門・大学院等の教育訓練機関や通信教育の費用補助、⑩専門・大学院等の教育訓練機関や通信教育に関する情報提供、⑪書籍・資料の購入補助、⑫教育訓練休暇の付与、⑬職場での新聞・雑誌・専門誌の定期購読、⑭自主的勉強会のための場所・施設の提供。

得られた回答をもとにクロス集計表の統計分析（カイ2乗検定）を行い、各項目を経験した者の数・割合に統計的に有意な差があるかどうかを検証した。結果、14項目のうち5項目で、日系、外資系の間に、統計的に有意な差が確認された（図表3－4）。

図表3-4　日系・外資系企業の自己啓発支援の比較

日系社員の方がより多く経験	外資系社員の方がより多く経験	日系・外資系で差がない経験	調整済み標準化残差
資格取得に対する報奨金・奨励制度			8.5 差が大きい
	副業・兼業の許可		5.8
	就業時間に対する配慮		3.5
	自主的勉強会のための社内システムの利用・提供		3.3
資格試験の費用補助			3.3
		社員が希望する外部研修・セミナーの受講料補助	1.6
		自主的勉強会のための費用補助	0.9
		機材・ツールの購入補助	0.8
		専門・大学院等の教育訓練機関や通信教育の費用補助	0.5
		専門・大学院等の教育訓練機関や通信教育に関する情報提供	0.5
		書籍・資料の購入補助	0.5
		教育訓練休暇の付与	0.2
		職場での新聞・雑誌・専門誌の定期購読	0.2
		自主的勉強会のための場所・施設の提供	差が小さい 0.1

（注）「自己啓発活動に対する企業の支援について、所属企業で実施されているものを『すべて』選んでください」という質問への回答

　そのうち、統計的に見て、日系企業で実施している割合が多い自己啓発支援項目は、「資格取得に対する報奨金・奨励制度」と「資格試験の費用補助」の2つであった。一方で、外資系企業で実施している割合が統計的に多い自己啓発支援項目は、「副業・兼業の許可」「就業時間に対する配慮」「自主的勉強会のための社内システムの利用・提供」の3つであった。

この結果から、自己啓発支援に対する日系・外資系企業の特徴が垣間見える。日系企業は外資系企業と比較して、資格取得など「スキルアップの結果」を示すものに対する支援が手厚い点に特徴がある。一方、外資系企業は日系企業と比較して、副業・兼業の許可、就業時間に対する配慮など、自己啓発や「スキルアップのための機会」を提供する点に特徴がある。

この違いは興味深い。第2章を思い出していただきたいのだが、日本の労働者が抱えるストレスは国際的に見てとても強く、その原因の一つとして自律的な働き方が認められていないという分析結果がある。自主的な学びを促すためにわが国の企業は、従業員に労働時間を自主的に管理し、学びの時間をつくることのできる、より強い柔軟性を与えてもよいのかもしれない。

ただし、コロナ禍のリモートワーク期間中に明らかになったが、自主的に勤務時間を管理することにも実はスキルが必要となる。これは職種や個人の働き方によっても異なるので、社員同士で勤務時間管理のスキルを学び合う工夫や、お互いに融通を付け合えるような仕組みの導入も、同時に必要となるかもしれない。

4 組織運営も変わらなければならない

本章ではこれまでに、会社主導の人材投資が限界を迎えていること、個々の従業員のニーズに即した成長支援がより重要となること、従業員自身も主体的に自身のキャリアについて具体的な見通しを立て、目標達成に足りない経験やスキルを認識する努力が必要となると主張してきた。このような変化を実現するためには、組織運営のあり方も変わらなければならない。

今後はキャリア採用の社員が今以上に増えていくだろう。また、キャリアの途中で他社へ移る社員も今以上に増えるだろう。外から新しい人がどんどん入ってくることと、中の人が外へ出て行ってしまうことを前提とした組織運営が必要となる。

どうやって集団としてのまとまりをつくるのか？

まず、外から新しい人がどんどん入ってくることに関しては、組織に早くなじんでもらうための取り組みが必要であろう。Ｏｆｆ－ＪＴの項目でも既に述べたが、特にキャリア採用者に対する組織への円滑な適応に向けたサポート（オンボーディング）には力を入れた方がよい。

オンボーディングというと導入研修のことだと理解されている向きがあるが、それだけではなく、研修というよりもむしろ組織にいち早くなじむこと、そのうえで速やかに実務上のパフォーマンスを上げ活躍してもらうことの方が主目的である。[2]

また、オンボーディングとも関連し、新卒採用にもキャリア採用にも言えることであるが、企業理念の共有を通じて集団としての共通認識を培うことが、今後より重要になってくるだろう。多様な人材が組織を構成するとなると、「〇〇年入社組の同期」とか、「同じ釜の飯を食べた仲間」といったくくりで社員のコミュニティを形成し共通認識を分かち合うことが、難しくなるからである。

「自分たちが何のために日々仕事をしているのか」「所属企業や部門のビジネスで利益を出すことにはどういった意味があるのか」という問いに、納得した答えを明確に出せるかどうかは、従業員の内発的モチベーションを高めるのに役立つだろう。ひいては、仕事や組織へのエンゲージメントを高めることにつながる。そのために、理念共有は大切である。

実際のところ、組織文化や企業理念の浸透には、ヒアリングに協力してくださったどの企業もそれぞれに配慮して、様々な活動を展開していることが分かった。そこには非常に大きな資金などを投入する場合も、小さな投資で行われる場合もある。しかし、どの企業の人事責任者も、社員にはぜひとも企業理念を理解しそれを日々の行動に反映してほしいという思いがあるようである。

この傾向は、産業特性を反映してか、サービス業や小売業に特に強いようである（C社、D社、G社、K社）。パートタイムやアルバイト社員を多く抱えており、こういった社員の回転率は高い傾向にある。しかし、セールスの最前線にいるのも彼らであるため、現場で働く従業員と、それを取りまとめる現場監督者に特に配慮がなされているように感じた。

海外進出を進めている企業は、海外にいるグループ関連会社の社員に対しても同様の配慮が必要である。特にM＆Aを通じて海外進出した企業は、海外投資先の統制に苦慮していたり、グループ傘下の経営にうまく取り込めずにいたりする逸話に事欠かない。企業理念の共有は国内にとどまらず、海外の関連会社も含めて進めていくべきである。彼らの勤

2　尾形（2022）

め先が「日本人のための会社」だと理解されていたら、従業員の定着率は上がらないだろう。

労働市場が逼迫し、良い人材を採用することが難しい状況下では、採用できた貴重な人材はできるだけ長く引き留めておくことが必要である。活躍できない職場だと思われたり、初期段階でサポートが足りない企業だと思われたりすると、優秀な人材ほど別の企業に移ってしまいかねない。日本でもこのような状況が起こりつつあるが、海外の関連会社では既に起こっていることである。

転職していく人は裏切り者か?

つぎに、既存の従業員が他社へ移ってしまうことについてである。これは世の中の変化の結果であり、忠誠心の欠如や会社への裏切りなどと考えることはやめた方がよい。むしろ、現職のうちに精一杯働いてもらえる(言い換えればエンゲージメントを高められる)職場を整えること、さらに、一度離職した人が「ここで数年働けて本当に良かった。いつかまたチャンスがあれば戻って来たい」と思ってもらえる企業になることを目指すべきである。

そういった企業を目指すにあたり、まずは従業員のやる気や社内の雰囲気をより詳細に知る必要がある。そのためには、従業員サーベイ等を実施し、経年でデータを蓄積し、分析結果にもとづいた手を打っていくことが必要だろう。

ヒアリング調査のなかで、多くの人事責任者が気にしていたことの一つが、人材投資の費用対効果についてである。しかし、実際に費用対効果を分析しているかどうかは、企業によって差がある。

外部労働市場の動向やデータを把握しやすい在カリフォルニア企業（Ｉ社）では、ＨＲアナリティクスを駆使し、データアナリストを雇用して特定部門の生産性を実際に分析していると言っていた。今後はそれを、全社レベルで展開する計画とのことであった。日系企業ではまだそのような本格的な動きは見られないが、例えばＢ社は、従業員サーベイと企業業績との相関を20年近く経年で追うなどして、社内の動向の把握に努めている。その他の企業でもサーベイは実施されているので、そういった試みが経年で行われれば、よりデータにもとづいた施策が打ちやすくなるだろう。

例えば、現在副業を認めている企業は増えているが、これは組織や仕事へのエンゲージメント向上に向けた取り組みの一環と言えるかもしれない。副業で自分の力を試しながら、現職にも活かせる知識や経験を得ることにつながったり、人とのつながりを外に広げることで新しい視点を得たりといった成長が期待できることから、仕事へのエンゲージメント向上効果が見られる可能性がある。

副業の効果がエンゲージメントや生産性に影響があるかについても、従業員サーベイなどを通じて継続的に追い分析ができれば、より効果的な施策につなげられるのではないか。

また、企業によっては、復職することをまったく問題視していない企業もある。ヒアリングを行ったなかで、カリフォルニアではあまり珍しいことではないようであった。「既にわが社の企業文化をよく知っているので、復職の際にオンボーディングがしやすく、一度去って行った人がまた戻ってくるのは企業にとっても悪いことではない」と語ってくれた人事責任者（K社）もいた。

日本にもそういった取り組みを行っている企業（E社）がある。離職後何年かの間であれば復職が可能であることを、全従業員に公約している。他社や起業を通じて得た経験を、復職によって自社に活かしてくれるのであれば、歓迎すべきことだという考え方である。

産業や部署によっては導入が難しいかもしれないが、今後はこういったポリシーを持つ企業が増えてもいいのではないだろうか。

ミドル・マネジメントの役割は重要

一人ひとりの社員に合った成長支援の推進や、スタッフの出入りに対応し、現場で組織変革を担っていくのはミドル・マネジメントである。彼らの役割は非常に重要である。人材マネジメントで先進的な取り組みを行う企業は、ミドル・マネジメントの重要性をよく認識している。中間管理職層や高度なスキルを持った社員の活躍の場をどのように確保し、どのように成長機会を与えるのかを課題とする声が、日本でもカリフォルニアでも聞かれた（B社、C社、K社）。

ただ、ミドル層には悩みが多い。管理者教育の現場にいると、現場で悩みながら業務を遂行するマネジャーの苦労を聞くことが多い。総じて、彼らは経営層と部下たちの間に挟まれて、どちらからもプレッシャーを感じている。若い部下を育てることの悩みはいつの時代もあったと思われるが、現在は、これまでならば上司であったような年齢の人が自分の部下になるなど、世代間の軋轢や価値観の違いに悩むマネジャーも多い。

ミドル・マネジメントの強化には、どのような要素が必要だろうか。

多くの企業で昇進に寄与する最大の要因は、担当業務の遂行能力の高さだろう。しかし、いったん管理職に就くとそれ以外の様々な能力が求められる。ステークホルダーを調整する能力や、決断力、部下に目配りをして成長支援ができるかどうかも、ミドル層に求められる大切な能力である。

しかしながら、業務量の増加から十分に管理者としての能力や経験を伸ばせないといった実態があり、職場の人間関係に悩む中間管理職は多いことが知られている。

例えば、パーソル総合研究所が2019年3月に実施した課長クラス対象のアンケート(回答者数2000名)では、部下との世代間ギャップによる意思疎通の困難や、部下のメンタル問題への対応増、部下の離職の増加からなる「部下マネジメントの困難」が、管理職の負担感を増す要素として指摘されている。また、5割以上の回答者が自身の業務量が増えたと回答し、37・5%が部下育成が不十分であると回答したという。

この傾向は、働き方改革が進んでいる企業の管理職の方が、そうでない企業の管理職よりも顕著に感じている。そもそも多くが時間的に余裕のない働き方を強いられ、管理職としての学びや成長を妨げられているのであるが、その傾向が、労働時間の短縮を主軸とした働き方改革の実施でより強まっていることがうかがえる。[3]

パーソル総合研究所が企業３００社に対して実施した別の調査（２０１9年2月実施）では、上記のような中間管理職層の課題に対して企業は、「ＩＴ化やシステム化などによる省力化」（30％）、「研修などによる管理職のマネジメントスキルの向上」（26・7％）、「人事との面談や相談体制」（21・３％）、「管理職の業務の棚卸・見える化」（20・7％）、「業務負荷を調整するための組織の分割」（18・7％）などの手段で対応している。しかし、24％は「とくに行っていない」とも回答している。[4]

カリフォルニアの企業のヒアリングや、我々のアンケート調査からは、外資系企業で盛んに行われていて日本企業では行われていないこととして、コーチングがミドル層の成長支援施策として採り入れられていることが確認された。

近年日本でもコーチング産業は成長してきているし、オンライン化され以前よりもアプローチしやすくなってきている。日系企業でもミドル層に対してコーチングを導入すべき

3　パーソル総合研究所（２０１９）
4　同右

ときに来ているのかもしれない。

以上を踏まえると、ミドル・マネジメント層にも集団研修にとどまらず、各人の状況に合わせた個別の対応が必要なのであろう。コーチングなどを通じて、自分を省みながら今後どのように行動していくべきかを模索する時間を、業務の一環として促すことは重要ではないだろうか。それは、本人の生産性だけではなく、部下やチーム全体の士気を上げることにもつながると考えられる。

経営リーダー育成も個別に

経営幹部候補者養成は、あらゆる企業にとっての重要な課題であり、日本企業に限ったことではない。ヒアリングに協力していただいた日米のどの企業も、経営幹部候補をいかに育てるかについて関心を寄せ、実際に施策を展開している。

例えば、タレント（将来経営幹部を嘱望される人材）の洗い出しは、日系企業でも強く意識されるようになってきている。A社やB社のように、タレント・プール制度（将来の経営幹部候補者を蓄積しておく制度）を持つと明確に回答した企業もある。

タレント・プール制度は、タレント・マネジメントの一環で実施される。日本でもタレント・マネジメントの導入が始まっているが、タレント・プロファイリング（優秀人材のスペックを決め、対象人材を洗い出し見える化しておくこと）に終始している印象が否めない。

重要なのは、プロファイリングした後に、対象人材をどう成長させていくかである。なぜなら、タレント・マネジメントとは本来、後継者候補探しやその養成を含めた、将来の経営幹部候補者をどのように確保し育てるのかということだからである。

日米で違いが明らかになったことは、米国では経営トップやリーダー層に対しても、人材の特徴や能力開発ニーズに合わせて、個別にカスタマイズされたプログラムを計画・実行する企業が多いということである。

プログラムの効果は、個別アセスメントによって把握しながら、適宜コーチングなどを並行して取り入れている。こうしたプログラムは極めて高価であるものの、日本で行われてきた集合型プログラムよりも多くの効果が期待できる。

また、近年では、経営幹部やその候補層を外部労働市場からキャリア採用してくることが増えている。こういった人材のパフォーマンスは、事業部門全体、あるいは企業グループ全体への影響が大きいことから、オンボーディングの実施や仕事ぶりのアセスメントを通じて、速やかに能力を発揮してもらうことが必要であろう。しかしながら、このような取り組みは日本ではまだ広く普及しておらず、今後目を向けていく必要がある。

また、ビジネスの国際化に伴い、国際的センスのあるリーダーの養成は、日本の企業に可及的速やかに取り組んでほしい課題である。

カリフォルニアの企業のなかには、海外ビジネスのプロジェクトへのアサインを複数回経ることによって、キャリアアップを図る取り組みを行っていると答えた企業（K社）もあった。グローバル企業の間で、将来の経営層育成に海外経験は必須であるという考え方が浸透してきているためである。

このように、海外のグローバル企業には、将来を嘱望される人材に海外ビジネスを経験させることをキャリアアップの一環と位置づける企業が増えている。

これは、グローバル・タレント・マネジメント（将来の経営幹部候補者を確保し育てることを、国籍や本社採用人材であるか海外子会社採用人材であるか、といったことにこだわらずに行うこと）の重要性が、グローバル企業の間で強く認識されるようになったことと無関係ではない。マッキンゼーのコンサルタントが The War for Talent（人材をめぐる戦争）という概念を１９９７年に打ち出したことに象徴されるように[5]、優秀人材の獲得が自国内だけでは困難である現状が強く反映されている。

つまり、ビジネスのグローバル化や、雇い入れる人材の国際化に適応していくためには、リーダー層も国際化し、海外人材をはじめとする多様な人材と協働し活躍を促すことができなければならないのである。

日本でもこういった取り組みが行われるようになってきていることを示すデータがある。筆者（山尾）が行った海外派遣経験者に関する学術調査（回答者数４５４名）では、「海外勤務が幹部登用への必須条件」かどうかの問いに対する肯定的な回答は全体の40％、「海外赴任の目的の一つは、幹部候補生を含む社内のリーダー育成」かどうかの問いに対する肯定的な回答は56％、「勤務先企業の幹部に海外赴任経験者が多い」かどうかの問いに対する肯定的な回答は62％であった。[6]

5　マイケルズ他（２００２）

6　「どちらかというとその通りだ」「その通りだ」「まったくその通りだ」のいずれかを回答したものの合計を肯定的な回答とする。本調査は科学研究費補助金１８Ｈ００９０、「従業員の多様化と組織同一視：企業組織グローバル化時代の新視点」の一環として実施した。

ただし、このデータは回答者が企業の人事担当者ではなく、海外赴任経験者のみから採取したものなので、注意が必要だ。また、回答者の約57％（258名）の所属先企業が海外進出を長年にわたって続けてきた製造業であることにも留意したい。同様の質問を人事担当者や最近になって海外進出を始めた企業に対して行うと、各設問への肯定的な回答の割合は減る可能性もある。

国内市場がメインであり続ける企業にとっては、海外プロジェクトへのアサインメントや、海外赴任を幹部養成の一環として行う方針は、まだ必要ないのかもしれない。しかし、当該企業が海外市場をメインに位置づけるのであれば、方針転換が必要である。

また、これと併せて、幹部候補生は日本だけでなく、海外関連会社を含めたグローバル・ネットワークのなかにいるかもしれないとの視点が重要となる。日本から社員を海外に派遣するだけでなく、海外関連会社から人材を日本の本社や他の海外関連会社へ派遣することを通じて、グローバル・ネットワーク全体に企業文化や理念を浸透させ、経営人材を発見し、幹部としての成長を支援していく必要があるだろう。今後、ぜひ目を向けてほしいイシューである。

第4章

スキル面の能力開発だけでは生産性は上がらない

――マインド面への投資がカギ

- 人材育成の投資として、スキル・能力開発を目的とした「教育訓練」を充実させる企業は多い。だが、分析からは、従業員が感じている「教育訓練の充実度」と「主観的生産性」に有意な関係は確認されなかった。
- 代わりに、従業員の生産性を直接向上させる要因が2つ見つかった。1つは「プロアクティブ行動（主体的な行動）」であり、もう1つは「創造的思考プロセス（主体的な思考）」である。この「主体的な行動・思考」をいかに促進するかが、生産性向上のカギとなる。
- さらに、「主体的な行動・思考」の促進において、従業員の「マインド面」が深く関わっていることが確認された。「教育訓練」「自己啓発支援」「組織開発」に代表される人材育成の投資は、このマインド面への影響を通して、「間接的」に従業員の生産性向上に寄与している結果が得られた。
- ココロ（心）は「無形資産」として人材投資の対象に明確に位置づけられるべきものである。人材の真の価値を引き出していくために、次の時代の人材育成においては、スキル面の育成とマインド面のケアを「両立」させていく必要がある。

1　教育訓練と生産性の因果関係

従業員の生産性向上に向けて教育訓練に投資する企業は多い。人材育成や人材開発と聞いて、最初に思いつくのも教育訓練ではないだろうか。実際、今回の調査においても「Ｏｆｆ－ＪＴをまったく受けたことがない」と回答した人は10％未満（９・８％）であった。言い換えれば、従業員の９割以上は、企業から何らかの教育訓練を受けていると言える。

教育訓練と生産性に関する研究もこれまで多数行われてきている。近年の研究としては、森川（２０１８）による「企業の教育訓練投資と生産性」がある。当該研究では、企業の教育訓練投資（Ｏｆｆ－ＪＴ）と生産性の関係を定量的に分析し、結論として、教育訓練は企業の生産性にポジティブな影響を及ぼすことが確認されている。具体的には、教育訓練ストックが１％多くなると、労働生産性が約０・０３％高くなることが示されている。

０・０３％と聞くと、一見非常に小さな数値に見えるかもしれない。しかし、企業が行う有形の設備投資額と比較して、教育訓練費は非常に小さい。[1] そのため、収益率（費用対効果）という観点から見ると、教育訓練投資は生産性向上に大きく寄与する対象であることが指摘されている。

このような教育訓練と生産性の正の結びつきについては、厚生労働省（２０２１ｄ）「能力開発基本調査」や労働政策研究・研修機構（２０２１）「人材育成と能力開発の現状と課題に関する調査」などでもたびたび指摘されている。これまでの多数の研究成果を踏まえると、教育訓練への投資は、従業員の生産性向上につながると結論づけられる。

２　教育訓練は生産性に直接寄与しない？

教育訓練の充実と主観的生産性

前節で述べたように、先行研究から導出される基本的な仮説は、Ｏｆｆ－ＪＴなどの教育訓練が充実することによって従業員のスキル・能力が向上し、それが生産性の向上につながるというものである。言い換えれば、教育訓練が充実するほど、生産性も向上するという正の相関関係が想定される。これは多くの読者の考えにも近いのではないだろうか。

しかしながら、本調査で従業員が感じている「教育訓練の充実度」と「主観的生産性」

の関係を調べたところ、両者の間に有意な関係は確認されなかった。つまり、従業員の感覚のなかでは、「教育訓練の充実」と「生産性の向上」は直接結びついていないということである。以下に詳しく見ていこう。

第1章で述べたように、我々は日系・外資系企業で働く20代から40代の正社員に3回の調査を行っている。特に第2回、第3回の調査では、１７０８名の従業員に所属企業の「教育訓練の充実度」と、自己の仕事における「主観的生産性」を評価してもらった。

具体的には、「所属企業の教育訓練は充実している」「所属企業の教育訓練は自己の能力開発に役立っている」など5項目について、「強くそう思う〜まったくそう思わない」の7段階で回答をしてもらった。さらに、これら5つの質問を総合して「教育訓練の充実度」と呼ぶ尺度を作成している。[2]

1　厚生労働省（２０２１d）「能力開発基本調査」によると、企業がＯｆｆ−ＪＴに支出した労働者一人当たりの平均額は1万２０００円であり、近年減少傾向にある。

2　「教育訓練の充実度」「主観的生産性」のクロンバックαはそれぞれ０・９４、０・９２で、尺度の信頼性について良好な値を得ることができた。また、後述する「自己啓発支援の充実度」「組織開発の充実度」についても０・９４、０・９５が得られており、本章で使用するすべての尺度について信頼性が確認された。

図表 4-1　教育訓練の充実度と生産性の関係

		生産性		
		低群	高群	合計
教育訓練の充実度	低群	403 56.6%	309 43.4%	712 100.0%
	高群	537 53.9%	459 46.1%	996 100.0%
	合計	940 55.0%	768 45.0%	1,708 100.0%

	漸近有意確率（両側）	ファイ（ϕ）
Pearson のカイ 2 乗	0.271	0.03

同様に、仕事の生産性についてもWelbourne et al. (1998) の「The Role-based Performance Scale[3]（RBPS尺度）」を使用し、自分が担当している仕事の「量」「質」「正確さ」「周囲への貢献配慮」「付加価値」の5項目について、「非常に良くできている～かなり改善が必要」の7段階で自己評価をしてもらった。それらを合わせて「主観的生産性（以下、生産性と略記）」としている。

最後に、1708名の平均値を基準に、「教育訓練の充実度」と「生産性」それぞれについて「高群」と「低群」に分割した。これにより、自社の教育訓練が充実していると感じている「高群」、充実していないと感じる「低群」、自分の仕事の生産性が高いと考えている「高群」、生産性が低いと感じている「低群」の4つのグループが抽出された。図表４－１は、この４つのグループの関係をクロス集計表にまとめたものである。

人材育成投資と生産性は直接結びつかない

繰り返しとなるが、先行研究から導かれる基本的な仮説は、「教育訓練の充実」は「生産性の向上」に寄与するというものである。

ここで図表４－１に注目してほしい。もし仮説が正しいのであれば、「教育訓練の充実度」と「生産性」の高群が交わる右下のセル（459名：46・1％の部分）は、より多くの人数や割合になることが想定される。同様に、両者の低群が交わる左上のセル（403名：56・6％の部分）も、より多くの人数や割合になることが想定される。しかし、その

3　Welbourne et al. (1998) による「The Role-based Performance Scale（ＲＢＰＳ尺度）」では、仕事（Job）のパフォーマンスを測定するために、仕事の量（Quantity）、質（Quality）、正確性（Accuracy）、内外関係者への貢献・配慮（Internal and external customer service provided）の４つが使用されている。本調査ではこれらの項目に仕事の「付加価値」を追加し、５項目で測定を行った。

ような関係にはなっていない。自社の教育訓練は充実しているが、仕事の生産性は低いと感じている人が537名（53・9%）もいる。また、自社の教育訓練は充実していないが、自分の仕事の生産性は高いと考えている人も309名（43・4%）存在している。

この「教育訓練の充実度」と「生産性」の関係について、統計手法を用いた分析を行ってみた。クロス集計表の関係を調べるχ^2（カイ2乗）検定の結果、「教育訓練の充実度」と「生産性」の間に有意な関係は認められなかった。また、相関係数の一種であるϕ（ファイ）係数は0・03であり、この数値は両者がほぼ「無関係」であることを示している。[4] この結果は、分析対象者を男性・女性、日系・外資系、年代別（20代・30代・40代）に分割しても同様であった。つまり、属性に関係なく両者は無関係ということである。

さらに、追加分析として「教育訓練の充実度」を説明変数、「生産性」を応答変数とする重回帰分析を行った。重回帰分析とは、説明変数と呼ばれる複数の要因（原因と想定されるもの）が、応答変数（結果）に与える影響を分析する統計手法である。ここでは、「教育訓練の充実度」が説明変数（原因）であり、「生産性」が応答変数（結果）になる。分析の結果、両者の間に有意な結果を得ることはできなかった。

最後に、我々は同様の分析を「自己啓発支援の充実度」と「組織開発の充実度」にも行っている。[5] 分析の結果、どちらも「生産性」と有意な関係を確認することはできなかった。[6]
以上の結果から、「教育訓練」「自己啓発支援」「組織開発」の充実度と、従業員の主観的な「生産性」は直接関係していないことが確認された。つまり、教育訓練に代表される人材育成に対する投資は、生産性と直接結びついていないことが推測される。

4　水本・竹内（２００８）によれば、χ^2（カイ2乗）検定における効果量の目安は、ϕ（ファイ）の値が０・１０で効果量（小）、０・３０で効果量（中）、０・５０で効果量（大）となっている。

5　「自己啓発支援の充実度」については「所属企業の自己啓発活動に対する支援は充実している」「所属企業が提供する自己啓発支援は自己の能力開発に役立っている」など4項目、「組織開発の充実度」については、「総合的に見て、所属企業は組織開発の取り組みが充実している」「自社の組織開発の取り組みは、チーム・部署・組織の活性化や円滑な運営に役立っている」など5項目で尺度を作成している。

6　χ^2（カイ2乗）検定の結果、「自己啓発支援の充実度」と「生産性」の有意確率は０・０６３、ϕ（ファイ）係数は０・０５であり、有意な関係は確認されなかった。同様に、「組織開発の充実度」と「生産性」の有意確率は０・５５８、ϕ（ファイ）係数は０・０１であり、有意な関係は確認されなかった。

3　生産性に直接寄与するのは「プロアクティブ行動」と「創造的思考プロセス」

2つの要因

前節の分析から、教育訓練等の充実は、従業員の生産性向上に直接寄与していない可能性が確認された。もしそうだとすれば、従業員の生産性を直接高める要因とは一体何だろうか。探索的な分析を繰り返した結果、我々は2つの要因を確認することができた。1つは「プロアクティブ行動」、もう1つは「創造的思考プロセス」である。

「プロアクティブ行動（Proactive Behavior）」とは、組織行動論の分野で使用される概念であり、「組織内の役割を引き受けるのに必要な社会的知識や技術を獲得しようとする個人の主体的な行動全般」と定義される（小川〈2012〉、舘野〈2016〉など）。

ポイントは「主体的な行動全般」という部分であり、組織運営や仕事が円滑に進むように、「自ら働きかける行動」ができているかどうかが重要となる。

また、「創造的思考プロセス（Creative Process Engagement）」とは、仕事の成果を創り出すために個人が行う主体的な思考プロセスである（Zhang & Bartol〈2010〉）。

こちらもポイントは「主体的な思考プロセス」という部分であり、成果の向上に向けてどれだけ「主体的な思考を重ねているか」が重要となる。

プロアクティブ行動と創造的思考プロセスに共通するのは「主体性」である。両者は組織運営や仕事が円滑に進むように、どれだけ主体的な行動・思考ができているかを測定する概念だと言える。本調査では、両概念の測定について、図表４－２のMorrison & Phelps (1999) とZhang & Bartol (2010) の尺度を使用した。[7] 具体的には、図表４－２の21項目について「非常に良くできている～かなり改善が必要」の7段階で回答をしてもらっている。

以下では、このプロアクティブ行動と創造的思考プロセスを合わせて「主体的な行動・

7　Morrison & Phelps (1999) では、図表４－２の尺度は「役割外行動（Extra Role Behavior）」の一環として扱われているが、本調査では質問項目の内容からプロアクティブ行動としても解釈が可能であると判断し、測定尺度として使用した。また、Morrison & Phelps (1999) および Zhang & Bartol (2010) の尺度の翻訳は、本書の研究会が行った。

図表 4-2　プロアクティブ行動と創造的思考プロセスの尺度

Morrison & Phelps (1999) による尺度	
プロアクティブ行動（主体的行動）	1. より良い仕事のやり方を、頻繁に取り入れようとする
	2. より効果的に仕事ができるよう、自分の仕事のやり方をしばしば変える
	3. 自分の職場や部署で、よく仕事の改善策の導入を試みる
	4. 会社がより効率的になるよう、よく新しい方法を導入しようとする
	5. 非生産的または効果的でない組織のルールや方針を、しばしば変更しようとする
	6. 社内のオペレーションが改善するよう、建設的な提案をよくする
	7. 間違った仕事の手順や慣例を、頻繁に是正しようとする
	8. 重複的または不必要な仕事の手順を、よく削減しようとする
	9. しばしば、社内の差し迫った問題の解決をしようとする
	10. 効率を良くするための新しい仕組み・技術・方法を、よく紹介している

Zhang & Bartol (2010) による尺度	
創造的思考プロセス（主体的思考）	1. 問題の本質を理解するために、時間をかけて考える
	2. 問題を複数の視点から考える
	3. 難しい問題・課題は、複数の要素に分解して理解を深める
	4. 幅広い多様な情報を参照する
	5. 自分や他者の経験、記録文書、インターネットなど、複数のリソースから情報を得る
	6. 将来役立てるために、自分の専門分野に関連する詳細な情報をたくさん保持している
	7. 新しいアイデアを創り出すため、多様な情報源を参考にする
	8. 関連のなさそうな他の分野で用いられている解決策との関連を探る
	9. 最終的な解決策を選ぶまでに、数多くの代替案を練る
	10. 今あるやり方に代わる、新しい解決策を試案する
	11. 新たなアイデア創出に役立つ情報には、時間をかけて目を通す

思考」と呼び、その役割や効果について述べていきたい。

生産性を向上させるカギは「主体的な行動・思考」の喚起

結論から言えば、プロアクティブ行動と創造的思考プロセスに代表される「主体的な行動・思考」が、従業員の生産性と強く関係していることが確認された。図表４－３、４－４は、「教育訓練の充実度」と「生産性」で行ったクロス集計表分析を、「プロアクティブ行動」と「創造的思考プロセス」に置き換えて分析した結果である。

図表４－３の点線で囲まれた、右下と左上のセルに注目してほしい。右下のプロアクティブ行動（仕事に対する主体的な行動）ができていると感じている人は、同時に仕事の生産性も高いと認識している様子がうかがわれる（５３５名：76・５％の部分）。同様に、左上の主体的行動ができていないと感じている人は、仕事の生産性も低いと認識する傾向が確認できる（７７６名：76・９％の部分）。

両者の関係を統計的に調べるχ^2（カイ２乗）検定の結果は有意であった。また、両者の関係の深さを示すϕ（ファイ）係数は０・５３であり、プロアクティブ行動と生産性に強

図表 4-3　プロアクティブ行動と生産性の関係

		生産性		
		低群	高群	合計
プロアクティブ行動	低群	776 76.9%	233 23.1%	1,009 100.0%
	高群	164 23.5%	535 76.5%	699 100.0%
	合計	940 55.0%	768 45.0%	1,708 100.0%

	漸近有意確率（両側）	ファイ（ϕ）
Pearson のカイ 2 乗	0.000	0.53

い正の相関関係があることが確認された。

同様の結果が、創造的思考プロセスについても言える。図表4－4の右下のセルを見ると、仕事に対する主体的な思考ができていると感じている人は、生産性も高いと認識する傾向がうかがわれる（490名：68・8％の部分）。また、左上のセルを見ると、主体的な思考ができていないと感じている人は、仕事の生産性も低いと認識する傾向が確認できる（718名：72・1％の部分）。χ^2（カイ2乗）検定の結果も有意であり、ϕ（ファイ）係数は0・41であった。創造的思考プロセスについても、生産性と正の相関関係があることが確認された。

追加的にプロアクティブ行動と創造的思考プロセスを説明変数（原因）、生産性を応答変数（結

図表 4-4　創造的思考プロセスと生産性の関係

		生産性		
		低群	高群	合計
創造的思考プロセス	低群	718 72.1%	278 27.9%	996 100.0%
	高群	222 31.2%	490 68.8%	712 100.0%
	合計	940 55.0%	768 45.0%	1,708 100.0%

	漸近有意確率（両側）	ファイ（ϕ）
Pearson のカイ2乗	0.000	0.41

果）とする重回帰分析を行った。分析の結果、プロアクティブ行動と創造的思考プロセスは、両者とも生産性に有意な正の影響を与えることが確認された。[8] この結果は、分析対象者を男性・女性、日系・外資系に分割しても同様であった。[9] 2つの要因は属性にかかわらず生産性にポジティブな影響を与えることが推測される。

以上の結果から、従業員の生産性を「直接向上させる要因」として、プロアクティブ行動と創造的思考プロセスの2つが確認された。換言すれば、プロアクティブ行動や創造的思考プロセスに代表される「主体的な行動・思考」をいかに促進するかが、従業員の生産性を向上させるカギと言えるだろう。

4 「主体的な行動・思考」を促進する4つの要因

何が呼び起こすのか

「主体的な行動・思考ができていると、仕事の生産性が向上する」というのは、実務を担う読者の方々にとっても違和感のない内容なのではないだろうか。むしろ、より重要な疑問は、「何が」従業員の主体的な行動・思考を呼び起こすのか、という点だろう。

この疑問についても探索的な分析を繰り返した結果、我々は従業員の主体的な行動・思考を促す要因を4つ確認することができた。具体的には、「1. 次世代リーダー候補の自覚」「2. 企業理念への共感」「3. 自己効力感」「4. ワーク・エンゲージメント」である。

第1に、「次世代リーダー候補の自覚」とは、その名の通り、次世代リーダー候補の自覚の有無である。第2に、「企業理念への共感」は、自社の企業理念や価値観にどれだけ共感しているかを示している。また、第3の「自己効力感」とは、自分自身の能力や可能性に対する自己信頼の程度を表している。そして第4の「ワーク・エンゲージメント」は、「仕事に関連したポジティブで充実した心理状態」と定義され、「活力」「熱意」「没頭」の3要素から構成される。

本調査で使用した4要因の具体的な尺度・質問項目は、図表4－5の通りである。[10] これらの質問に対して、１７０８名の従業員に「強くそう思う～まったくそう思わない」の7段階で回答をしてもらった。[11] 次に、４要因が従業員の主体的な行動（プロアクティブ行動）と主体的な思考（創造的思考プロセス）にどのような影響を与えるのかについて分析

8　重回帰分析の結果、プロアクティブ行動、創造的思考プロセスの標準化係数βは、それぞれ０・６００（有意確率：$p < 0.001$）、０・１３４（有意確率：$p < 0.001$）であった。また、統制変数を含む生産性の調整済みR^2値は、０・５１７であった。

9　年代別（20代・30代・40代）についても分析した結果、「創造的思考プロセス」の20代のみ非有意であった。

10　「企業理念への共感」については、高尾・王（２０１２）の尺度に4番目の質問項目を追加して使用した。「ワーク・エンゲージメント」については、Shimazu (2008) によるユトレヒト尺度の短縮版を使用している。Chen, Gully, & Eden (2001) の「自己効力感」尺度の翻訳は、本書の研究会が行った。

11　ワーク・エンゲージメントについては「いつも感じる～そのように感じたことは一度もない」の7段階から回答をしてもらった。

図表 4-5　4 要因の尺度と質問項目

次世代リーダー候補の自覚	1. あなたは現在、所属企業の次世代リーダー・経営幹部候補になっていると思いますか
企業理念への共感 高尾・王（2012）	1. 自社の経営理念や行動指針に共感している
	2. 自社の経営理念は仕事上の困難を乗り越えるうえで役に立つ
	3. 私の価値観と自社の経営理念は矛盾しない
	4. 会社が大切にしている理念や世界観（実現したい世の中）を、私も実現したいと思う
自己効力感 Chen, Gully, & Eden（2001）	1. 自分が設定した目標の多くを達成できると思う
	2. 難しい仕事もきっとやり遂げられると思う
	3. 全般として、自分にとって重要な成果を出せると思う
	4. やろうと決めたことは、たいがい成功させられると信じている
	5. 多くの難題をうまく乗り越えられると思う
	6. 多数の異なる仕事を、効率的にこなす自信がある
	7. 他の人と比べて、自分は大抵の任務をうまくこなせると思う
	8. たとえ逆境下にあっても、きちんと仕事ができると思う
ワーク・エンゲージメント Shimazu（2008）	1. 仕事をしていると、活力がみなぎるように感じる（活力）
	2. 職場では、元気が出て精力的になるように感じる（活力）
	3. 朝に目がさめると、さあ仕事へ行こう、という気持ちになる（活力）
	4. 仕事に熱心である（熱意）
	5. 仕事は、私に活力を与えてくれる（熱意）
	6. 自分の仕事に誇りを感じる（熱意）
	7. 仕事に没頭しているとき、幸せだと感じる（没頭）
	8. 私は仕事にのめり込んでいる（没頭）
	9. 仕事をしていると、つい夢中になってしまう（没頭）

を行った。

図表４－６は、「次世代リーダー候補の自覚」「企業理念への共感」「自己効力感」「ワーク・エンゲージメント」を説明変数（原因）、「プロアクティブ行動」と「創造的思考プロセス」それぞれを応答変数（結果）にした重回帰分析の結果である。[12]

４要因は「主体的な行動・思考」にポジティブな影響を与える

図表４－６の右端に注目してほしい。「有意確率」の列に「＊（アスタリスク）」が付いているものが統計的に有意な説明変数である。

つまり、「次世代リーダー候補の自覚」「企業理念への共感」「自己効力感」「ワーク・エンゲージメント」は、すべて「プロアクティブ行動」と「創造的プロセス」に有意な影響

12　「次世代リーダー候補の自覚」については、図表４－５の質問に対して「はい・いいえ・対象になっているかよく分からない」の３つから回答をしてもらっている。本分析では、「はい」を「自覚あり群」、「いいえ・対象になっているかよく分からない」を「自覚なし群」とするダミー変数を作成し、分析を行った。

図表 4-6　マインド面がプロアクティブ行動と創造的思考プロセスに与える影響

応答変数：**プロアクティブ行動**

説明変数	標準化係数 β	t 値	有意確率
次世代リーダー候補の自覚 _ あり	0.062	2.71	**
企業理念への共感	0.184	7.17	***
自己効力感	0.161	6.59	***
ワーク・エンゲージメント	0.117	4.24	***
調整済み R^2 値	0.278		

応答変数：**創造的思考プロセス**

説明変数	標準化係数 β	t 値	有意確率
次世代リーダー候補の自覚 _ あり	0.054	2.71	**
企業理念への共感	0.211	9.53	***
自己効力感	0.134	6.34	***
ワーク・エンゲージメント	0.132	5.56	***
調整済み R^2 値	0.462		

注 1：n = 1,708　***$p < .001$　**$p < .01$　*$p < .05$
　2：VIF は 1.17 から 1.69 であり、多重共線性は確認されなかった
　3：統制変数として性別（女性）、年齢、学歴（大学院）、企業区分（外資系）、業種（製造業）、職種（営業職）、役職の有無（管理職）、年収（800 万円以上）、直近 1 年間の離職有無、デジタルリテラシーを使用した

を与えていると解釈できる。

また、図表中央に表示されている「標準化係数β」は、各要因の「影響力の大きさ」を示す指標である。数値が大きいほど応答変数（結果）への影響が大きい。

図表4－6から、プロアクティブ行動と創造的思考プロセスに最も影響を与えている要因は「企業理念への共感（β＝0・184、0・211）」であり、次いで「自己効力感（β＝0・161、0・134）」

「ワーク・エンゲージメント（β＝0・117、0・132）」「次世代リーダー候補の自覚（β＝0・062、0・054）」であることが確認できる。

なお、本結果は、これら4つの要因が、性別、年齢、学歴、企業区分、業種、職種、役職の有無、年収、直近1年間の離職有無、デジタルリテラシーなど、他の様々な要因の影響を統制して（差し引いて）も、「主体的な行動・思考」に有意な影響を与えていることが確認されている。

5　「マインド面」が主体的行動・思考のカギ

想定とは異なる関係

さらに、本結果の最も重要な示唆は、これら4つの要因すべてがスキル・能力ではなく、個人の認識や価値観、感情・心理状態を表す「マインド面」であるという点である。

想像してみてほしい。例えば、次世代リーダー候補の自覚があるかどうかは、個人の認識の問題である。また、企業理念にどれくらい共感できるかも、個人の価値観の問題だと言える。さらに、自己効力感は自分の能力や可能性に対する自己信頼の気持ちであり、スキル・能力そのものではない。また、ワーク・エンゲージメントは、その定義にもあるように、仕事への活力、熱意、没頭などの心理状態を表している。

繰り返しとなるが、重要なのは、このような従業員の「マインド面」の状態・あり方が、主体的な行動・思考の促進に重要な役割を果たしていることが確認された点である。

これまで、生産性向上のためには「スキル面」の育成が一般に重視されてきた。本章冒頭で述べた、従業員のスキル・能力が向上することによって、仕事の生産性が向上するという関係である。

しかし、今回の調査結果から、生産性の向上に直接つながる要因は、主体的な行動と主体的な思考であることが確認された。また、主体的な行動・思考を促進する重要な要因が、従業員の「マインド面」であることが明らかとなった。

これらの結果を総合すると、マインド面の状態が従業員の主体的な行動・思考を喚起し、喚起された主体的行動・思考によって仕事の生産性が向上する、という関係が成り立つ。このような従来の想定（スキル面の向上が生産性を向上させる）とは異なる関係が従業員調査によって定量的に確認されたことは、注目に値する。

人材育成投資はマインド面を促進する

「個人の心理状態（マインド面）が、主体的な行動・思考の喚起に影響する」という点についても、多くの読者にご賛同いただけるのではないだろうか。

確かに、自分が次世代リーダー候補の一人であるという自覚があれば、主体的に仕事に取り組むモチベーションにつながるだろう。また、自社の理念・ビジョンに共感しているほど、自分の能力・可能性を信じているほど、仕事に没頭しているほど主体的に行動・思考するというのは、実務経験上の感覚とも近い。このような、これまで「肌感覚」として捉えられてきたものが定量的な分析においても確認された点は、重要だと言える。

しかし、ここまで読まれた読者のなかには、「ではどうやって、自社の経営理念に共感してもらうのか」「従業員の自信やワーク・エンゲージメントを高めるためにはどうしたらよいのか」という疑問を持たれるのではないだろうか。もちろん、これらの疑問に対して唯一無二の解答があるわけではない。

ただし、今回の調査から手掛かりとなる結果を得ることができた。それは、このような従業員のマインド面の向上に、「教育訓練」「自己啓発支援」「組織開発」への投資が有効だということである。

6 マインド面を最も促進するのは組織開発

図表4－7に注目してほしい。これは先程とは、重回帰分析の説明変数と応答変数を変えて行った結果である。今回は、説明変数（原因）に従業員が感じている「教育訓練」「自己啓発支援」「組織開発」の充実度を置き、応答変数（結果）に「企業理念への共感」「自己効力感」「ワーク・エンゲージメント」それぞれを設定している。[13]

図表4－7上段の結果から、「企業理念への共感」に対しては、「＊（アスタリスク）」が付いている「教育訓練の充実」と「組織開発の充実」が有意な正の影響を与えていることが確認できる。つまり、教育訓練や組織開発が充実していると従業員が感じているほど、企業理念への共感が高まるということである。

同様に、図表中段の「自己効力感」に対しては、「教育訓練」「自己啓発支援」「組織開発」のすべてが有意な正の影響を及ぼすことが確認された。換言すれば、これら3つの活動が充実しているほど、従業員の自己効力感が高まるということである。

最後に、図表下段の「ワーク・エンゲージメント」に対しては、「組織開発」のみが有意な影響を与えていた。

「個人」の仕事に対する熱意や没頭を示すワーク・エンゲージメントに対して、「組織」に対する施策が有意な影響を及ぼすという結果は大変興味深い。この結果は、第5章の最後で述べる、「『組織』に対する投資は、最終的に従業員『個人』の活躍や成長に還元される」という主張を支持するものでもある。

組織開発については、「企業理念への共感」「自己効力感」「ワーク・エンゲージメント」のすべてに影響を与えており、なおかつ影響力が最も大きい。従業員のマインド面の向上を目指す場合、組織開発を充実させることが最も有効な手段であることが示唆される。

以上の結果から、応答変数によって違いはあるものの、「教育訓練」「自己啓発支援」

13　「次世代リーダー候補の自覚」については、応答変数が2値（例：はい・いいえ、当てはまる・当てはまらない、など）の回帰分析（二項ロジスティック回帰分析）を行ったが、「教育訓練」「自己啓発支援」「組織開発」の充実による有意な影響を確認することはできなかった。ただし、後述する共分散構造分析においては、「次世代リーダー候補の自覚」に対する「自己啓発支援の充実」の有意な影響が確認された。

図表 4-7　人材育成の投資とマインド面の関係

応答変数：**企業理念への共感**

説明変数	標準化係数 β	t 値	有意確率
教育訓練の充実	0.277	8.45	***
自己啓発支援の充実	0.044	1.41	
組織開発の充実	0.353	11.26	***
調整済み R^2 値	0.425		

応答変数：**自己効力感**

説明変数	標準化係数 β	t 値	有意確率
教育訓練の充実	0.087	2.34	*
自己啓発支援の充実	0.114	3.25	**
組織開発の充実	0.162	4.53	***
調整済み R^2 値	0.253		

応答変数：**ワーク・エンゲージメント**

説明変数	標準化係数 β	t 値	有意確率
教育訓練の充実	0.071	1.93	
自己啓発支援の充実	− 0.010	− 0.28	
組織開発の充実	0.179	5.11	***
調整済み R^2 値	0.286		

注 1：n = 1,708　***p < .001　**p < .01　*p < .05
　2：VIF は 2.65 から 3.00 であり、多重共線性は確認されなかった
　3：統制変数として性別（女性）、年齢、学歴（大学院）、企業区分（外資系）、業種（製造業）、職種（営業職）、役職の有無（管理職）、年収（800 万円以上）、直近 1 年間の離職有無、デジタルリテラシーを使用した

「組織開発」の充実は、従業員のマインド面の向上に寄与することが確認された。

7　人材育成の投資は「間接的」に生産性に寄与する

これまでの分析から、大きく3つのポイントが明らかになった。

第1に、教育訓練、自己啓発支援、組織開発は、従業員の生産性を直接高めていない。生産性を直接高めるのは、プロアクティブ行動や創造的思考プロセスなどの「主体的な行動・思考」である。

第2に、この主体的な行動・思考を促進するのは、従業員の「マインド面」である。従来、多くの企業では従業員の生産性向上のために「スキル面」の育成が重視されてきた。今回、肌感覚として捉えられることも多かったマインド面の効果が定量的に確認された事実は注目に値する。

また、マインド面のあるべき状態として、複数の具体例を示した点にも意味があるだろう。具体的には、「次世代リーダー候補の自覚」「企業理念への共感」「自己効力感」「ワーク・エンゲージメント」である。これら4つの要因に働きかけていくことは、主体的な行動・思考を喚起し、最終的な生産性の向上につながる可能性が高い。

第3に、「教育訓練」「自己啓発支援」「組織開発」の充実は、マインド面の向上に有効であることが確認された。換言すれば、企業は教育訓練、自己啓発支援、組織開発を充実させることによって、従業員の認識や価値観、感情・心理状態に働きかけていくことが重要である。

我々の結論として、教育訓練に代表される人材育成の投資は、マインド面の向上を通して「間接的」に従業員の生産性に寄与していると考えられる。

8 人材育成投資と生産性向上のメカニズム

相関関係を理解する

本章のまとめとして総合的な考察と示唆を述べていきたい。はじめに、図表4－8は本章で得られた知見を結び合わせ、人材育成の投資と生産性向上のメカニズムを「概念図」として示したものである。

図は「組織開発の充実」などをスタート地点にして移動していく。最終地点は「生産性の向上」であり、教育訓練に代表される人材育成の投資が、どのようなフロー・メカニズ

図表 4-8　人材育成の投資と生産性向上のメカニズム

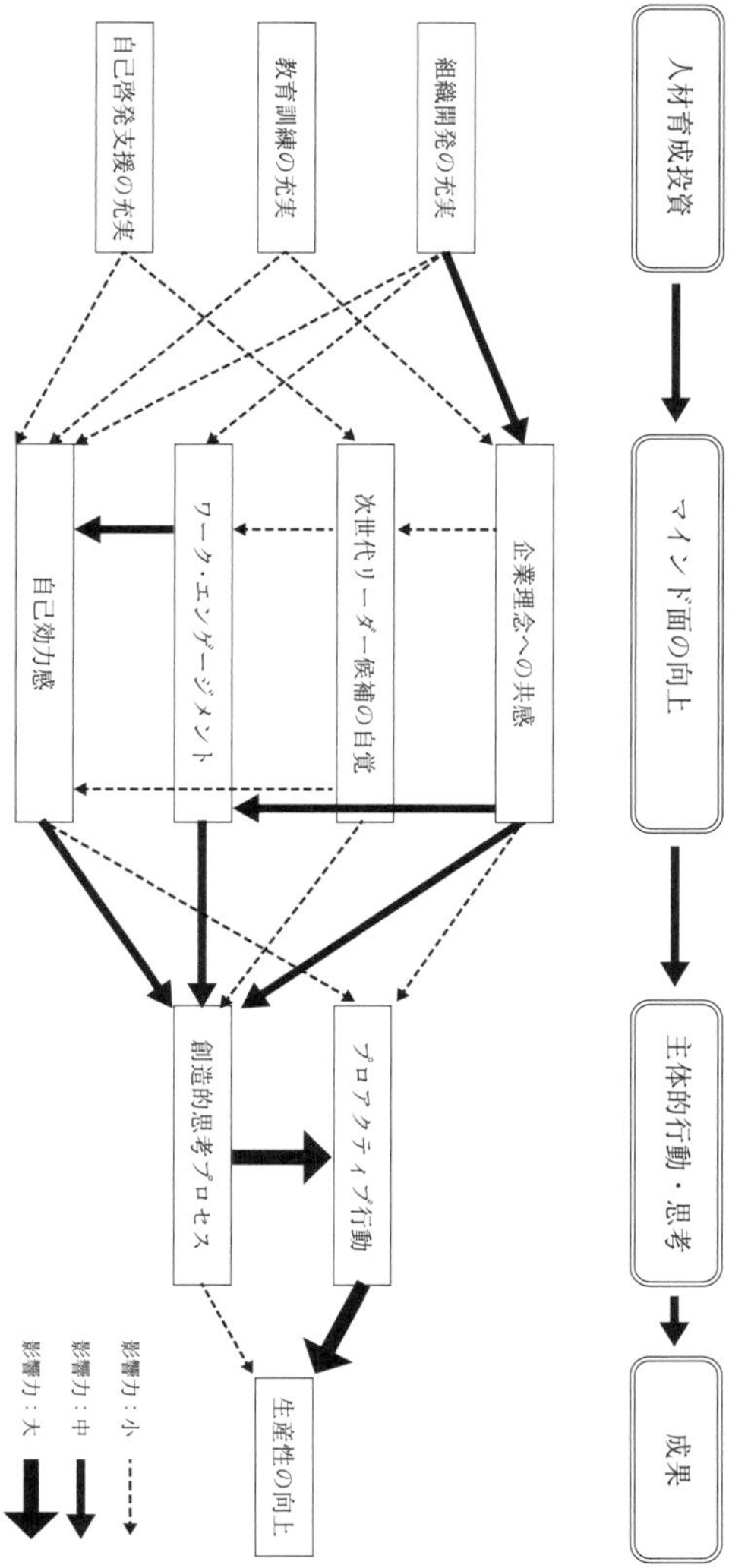

ムによって生産性の向上に辿り着くのかを示している。また、矢印はどの要因がどの要因に有意な影響を与えているのかを示している。矢印の形や太さは影響力の大きさ（標準化係数βの大きさ）を示しており、実線や線が太いほど影響力が大きいと解釈できる。[14] 1つずつ見ていこう。

はじめに、これまで述べてきたように、「教育訓練」「自己啓発支援」「組織開発」の充実は、従業員のマインド面にポジティブな影響を与える。例えば、図表4－8の「組織開発の充実」は、「企業理念への共感」に中程度の影響を与えており、「ワーク・エンゲージメント」と「自己効力感」にも小程度だが直接影響を与えている。

つまり、「組織開発の充実」はマインド面の複数の要因にポジティブな影響を与えており、なかでも「企業理念への共感」に最も効果があるということである。また、中段の「教育訓練の充実」は、「企業理念への共感」と「自己効力感」にポジティブな影響を与えており、下段の「自己啓発支援の充実」は、「次世代リーダー候補の自覚」と「自己効力感」に影響を与えていると解釈できる。

次に、4つのマインド面について見てみよう。矢印の細かい説明は割愛するが、重要なポイントが1つある。それは、マインド面の4つの要因間にも相関関係や因果関係が存在するという点である。

例えば、「企業理念への共感」は、「次世代リーダー候補の自覚」や「ワーク・エンゲージメント」など、他のマインド面にも影響を与えている。同様に、「次世代リーダー候補の自覚」は、「ワーク・エンゲージメント」や「自己効力感」に影響を与えている。つまり、マインド面の要因は個別・独立ではなく、お互いに依存・影響し合っているということである。

このような事実は、企業がマインド面の向上を図る際に、特定の要因（感情・心理）にだけ注力することが必ずしも適切ではない可能性を示唆している。

上記でも指摘したように、マインド面は従業員の感情や心理状態そのものであるため、要因同士が複雑に関係し合っている。そのため、スキル・能力のように、特定の分野や特定の効果にだけ狙いを定めて向上させることは困難な可能性が高い。

マインド面の向上を図る際は、「どれか1つを選ぶ」のではなく、ポジティブな感情・

14　影響力の大きさを示す標準化係数βが0・2未満のものを点線（影響力：小）、0・2から0・5未満を実線（影響力：中）、0・5以上を太い実線（影響力：大）と定義して、作図した。

心理状態を積み重ねることによって「全体の相乗効果を図る」という考え方の方が適切であることが推測される。

生産性を向上させる決め手は「主体的な行動の有無」

最後に、図表の最後の2列を見ていこう。まず注目すべきは、最終的な「生産性の向上」に最も強く結びつく要因は「プロアクティブ行動」であるという点である。分析の結果、「生産性の向上」に対する「プロアクティブ行動」の影響力は0・61（影響力大）であり、「創造的思考プロセス」の影響力は0・13（影響力小）であることが確認された。

単純な比較はできないが、プロアクティブ行動は創造的思考プロセスよりも大きな影響力を持っていることが推測される。言い方を変えれば、生産性を向上させる決め手は「主体的な行動の有無」にあると言える。

さらに、「プロアクティブ行動」に対する「創造的思考プロセス」の影響力が0・59（影響力大）と非常に大きいことが分かった。これらの結果を踏まえると、「主体的な思考

（創造的思考プロセス）」が「主体的な行動（プロアクティブ行動）」を促し、それが最終的な「生産性」を高める、というフローが推測される。

最後に、共分散構造分析[15]（ＳＥＭ）と呼ばれるより高度な統計分析を行い、概念図全体の適合度を検証した。分析の結果、概念図の整合性を示すモデル適合度について、適切な値を得ることができた。[16]

この結果は、図表４－８で示された概念図の内容・構造がデータに支持されていることを意味する。改善の余地は多分にあるものの、本概念図は人材育成に対する投資と生産性向上の関係を示すメカニズムとして、今後の参考になり得るものである。

15　共分散構造分析とは多変量解析の一種であり、「構造方程式モデリング（Structural Equation Modeling）」とも呼ばれる。本分析により、互いに関連を持つことが想定される複数の要因間の因果関係や関係の強さについて、仮説モデルの適合性や整合性を検証することができる。

16　本概念図のモデル適合度について良好な値を得ることができた（CMIN/DF = 4.804, GFI = 0.988, AGFI = 0.970, CFI = 0.989, RMSEA = 0.048, SRMR = 0.043）。

9　スキル面の育成とマインド面のケアを「両立」させる

本章では、「教育訓練」「自己啓発支援」「組織開発」に代表される人材育成の投資が、どのように従業員の生産性に寄与するのかを分析してきた。分析の結果、人材育成に対する各種の投資は、従業員の生産性向上に「間接的」に寄与することが明らかとなった。そのフローやメカニズムは、図表4−8に示した通りである。

重要な点は、従業員の「マインド面」のあり方が、人材育成の投資と生産性の向上をつなぐ重要なカギ（媒介変数）になっている点である。

また、お気づきの読者も多いかもしれないが、日系・外資系企業の人材育成の違いも、このマインド面のケアにある。例えば、本書の第3章や日本生産性本部（2020）においても、従業員の感情や価値観に働きかける「コーチング」「メンタリング」「ダイバーシティ&インクルージョン」などの施策は、日系・外資系で大きな差が確認されている。さらに第5章で見ていくように、マインド面に最も大きな影響を与える「組織開発」についても、外資系企業に一日の長がある。

結論として、日系・外資系企業の人材育成の差をつくり出している大きな要因は、「心のケアのていねいさ」だと考えられる。外資系企業一般に想像されがちなドライなイメージと「心のケアのていねいさ」という言葉が、なかなか結びつかない読者もいるかもしれない。しかし、実態は想像と異なる。個別カスタマイズされた教育訓練やキャリアプラン、仕事に没頭できる職場環境の確保、エグゼクティブによる一対一のコーチングなど、外資系企業は次世代リーダー候補に対して莫大な人材投資を行っている。

また、ケアの対象は、タレントマネジメントの対象者にとどまらない。経営層が意識的・計画的に「組織開発」を推進することによって、従業員全体の価値観、態度の統合を図っている。

以上の積み重ねが「次世代リーダー候補の自覚」「企業理念への共感」「自己効力感」「ワーク・エンゲージメント」などのマインド面にポジティブな影響を与え、プロアクティブ行動や創造的思考プロセスの促進、さらには生産性の向上を実現していることが推測される。

生産性向上のためには、スキル面の育成が必要である。しかし、獲得したスキルをどのように積極的に活用して生産性を高めていくかは、従業員一人ひとりの「心」が決める問題である。

本調査から得られた各種の結果は、「心のケアのていねいさ」が企業の競争優位の源泉になり得ることを示している。心は「無形資産」であり、人材投資の対象として明確に位置づけるべきものである。次の時代の人材育成においては、スキル面の育成とマインド面のケアを「両立」させる企業が、人材の真の価値を引き出していくだろう。それは同時に、人材を企業価値創造の中核に据える「人的資本経営」の実現にもつながるものである。

第5章

組織づくりのための投資のすすめ

——人材育成としての組織開発

人材投資のジレンマ

- 人材育成を促進するためには、「個人」に加えて「組織」の状態にも注目する必要がある。組織開発とは「組織・チームを円滑に機能（work）させるための意図的な働きかけ」である。
- 全体として、外資系企業の方が組織開発を「意識的・体系的」に推進している傾向が確認された。また、組織開発に参加したことがある社員の割合も外資系企業の方が多い。
- 日系・外資系を問わず、組織開発の効果とは、人材が活躍するための「舞台づくり」にある。
- また、組織開発の充実は、従業員の「ジョブ・エンゲージメント」の向上と強く関係していることが確認された。組織開発によって従業員同士の絆が深まり、コミュニケーションや情報共有などが活発化することは、仕事の取り組み姿勢を前向きなものにする。
- 「組織」に対する投資は、「ジョブ・エンゲージメント」の向上などを通して、最終的に従業員「個人」の仕事ぶりや成長にも還元される。「個人」の成長支援を促進するためには、「組織」という舞台そのものの価値や効果を認識し、意識的に投資をしていく姿勢が不可欠である。

1　組織開発の視点からの調査

人材育成の「場」を整える

本章の目的は、人材育成と組織運営の関係を理解することである。第3章では、人材育成における組織運営の重要性を指摘した。言い換えれば、人材の成長支援を行うためには、「個人」にだけ注目していてはいけないということである。個人が所属するチームや組織の状態が、人材の成長スピードや成長度合いに影響することに大きな異論はないだろう。

つまり、人材育成を促進するためには、個人に注目するとともに、チームや組織などの「場」にも注意を向ける必要があるということである。個人は個人のみで成長するわけではない。職場の上司・同僚・部下とのコミュニケーションや学び合いが不可欠であり、「場を整える」ことが人材育成の素地になる。

しかしながら、そのような場づくりを意識的・体系的に行っている企業はどれくらいあるのだろうか。また、適切な場づくりができることは、具体的にどのような「効果」を組織や従業員にもたらすのだろうか。

本書では、以上のような疑問を出発点に、人材育成を促進する組織づくりについて調査を行った。具体的には、後述する「組織開発」という視点から、人材育成に関わる組織づくりの実態を調査した。さらに、日系・外資系の比較を通して、両者の違いや、具体的にどのような効果があるのかを従業員視点で分析している。調査の限界は多分にあるものの、以下人材育成を促進するための組織づくりについて考えていきたい。

組織づくり（組織開発）とは？

読者のみなさんは「組織開発」という言葉を聞いたことがあるだろうか。近年、経営学の分野において「組織開発（Organizational Development）」という概念に注目が集まっている。わが国の第一人者である中村（２０１５）は、Warrick（2005）を引用しながら、組織開発を「組織の健全さ（Health）、効果性（Effectiveness）、自己革新力（Self-renewing Capabilities）を高めるために、組織を理解し、発展させ、変革していく、計画的で協働的な過程」と定義している。

これだけでは少し分かりにくいかもしれない。中原・中村（2018）では、組織開発を「組織（チーム）を円滑にwork（機能）させるための意図的な働きかけ（介入）」と表現している。

ポイントは、人は単に集まっただけでは力を発揮することはできないという点である。職場のメンバー間に円滑なコミュニケーションが存在し、同じ目標に向かって邁進するときに、はじめて組織・チームとして機能し始める。また、そのためには、価値観の共有や背景の異なる職場メンバーを「まとめる」ための働きかけが必要になる。

つまり、「組織開発」とは、様々な手法（例えばチームビルディングや従業員サーベイなど）を用いて職場・チームをまとめあげ、機能させるための働きかけである。これらの働きかけを、組織が「意図的・計画的」に行う経営活動が、組織開発である。

本章では、この「組織開発」の役割や効果に関する調査結果を共有し、人材育成を促進する組織づくりの実態に迫っていく。

しかしながら、読者のなかには組織開発についてなじみのない方も多いかもしれない。実際、本調査においても約4割の従業員が「社内で『組織開発』という言葉を聞いたことがない」と回答している。それゆえ、調査結果の報告に入る前に、組織開発が注目される理由・背景について確認していきたい。また、本章を通して組織開発に興味が湧いた方は、中原・中村（２０１８）など、巻末の参考文献を参照してほしい。

なぜ「組織開発」なのか？

なぜ今、「組織開発」が注目されているのだろうか。その理由は社会情勢の変化によるところが大きい。

具体的には、人口減少を起点とした「慢性的な人材不足」と「職場の多様化」である。総務省「労働力調査」や厚生労働省「厚生労働白書」でもたびたび指摘されているように、少子高齢化が進む日本では、就業者数の減少が喫緊の課題となっている。また、その対策として、「多様な人材の労働参加」が推進されている（内閣府〈２０１９〉）。

例えば、出産・育児後も仕事を続けたい女性の方、65歳以上の高齢者の方、日本で働きたい外国人の方、介護・介助をしながら働きたい方、病気や障がいがあっても働きたいと希望する方々などである。

さらに「働く人」だけでなく、「働き方」も多様化している。正社員、契約社員、派遣社員、アルバイト・パート社員などの雇用形態だけでなく、近年では、コロナ禍による在宅勤務やリモートワークの推進など、働く「場所」や「時間」も多様化している。

今後もこのような多様化は拡大することが予想されており、同じ組織や職場であっても、働くことに対する価値観や働き方がまったく異なるということが、自然になっていくだろう。

問題は、このような職場の「多様性（ダイバーシティ）」が行き過ぎてしまうと、個々人がバラバラになってしまい、組織やチームとしてうまく機能しなくなるという懸念である。

職場の多様性が高いということは、働き方や働くことに対する価値観・動機づけが一人ひとり異なることを意味する。それはときとして、従業員間の円滑なコミュニケーションや相乗効果を阻害し、組織やチームを機能不全に陥らせる原因にもなりかねない。

中原・中村（２０１８）は、このような職場の機能不全や組織・チームをバラバラにしかねない多様性を、「遠心力」という言葉で表現している。また同時に、このような「遠心力」が働く組織やチームでは、それに抗う「求心力」を同時に構築することが必要であると述べている。

つまり、多様なメンバーで構成される組織・チームは、メンバーの諸力が分散しないように、何らかの「求心力」を組織・チーム内に構築しなければならないということである。そして、その有効な手段・概念として注目されているのが、「組織開発」である。

組織開発は、もともと従業員間のコミュニケーションを活性化し、同じ目標に向かって邁進する組織・チームづくりを実現するために発展してきた。[1] つまり、職場の求心力として、多様な従業員の価値観や態度をまとめる役割を担ってきたのである。

組織開発が再評価されている背景には、職場の多様性の高まりや、それに伴って必要とされる「求心力としての組織開発」に期待が高まっていることがある。

2 企業における「組織開発」の実態

不明確な認識

前節で述べたように、組織開発は従業員間のコミュニケーションを活性化し、組織・チームづくりをするための一連の活動であるが、そのなかには多様な手法が存在している。

例えば、チームビルディングや従業員サーベイなどを実施している企業も多いだろう。

しかしながら、本書で行った人事部門に対するインタビュー調査から、それらの手法を「組織開発」として意識的・体系的に行っている企業は極めて少ないことが明らかになっている。つまり、組織開発を実施する側の企業においても、組織開発という概念や営みが浸透しているとは言い切れない状況がある。

また、問題をさらに複雑にしているのが、組織開発を実施する担当部門や担当者の認識の問題である。具体的には、チームビルディングなどの組織開発の手法を実施しているにもかかわらず、実施している側がそれを組織開発と認識していないケースが少なくない。

例えば、先に挙げたチームビルディングは組織開発の代表的な手法であり、研修等で実施している企業も多い。しかし、チームビルディングを組織開発の一部として意識的・体

1　組織開発の概念自体は古くから存在しており、少なくとも、その源流を１９５０年代の米国までさかのぼることができる。多様な人種・価値観が混在する米国では、従業員同士の絆や結束を高めるための手段として組織開発が発展してきた。当初は「Ｔグループ」や「ＳＴ（Sensitivity Training：感受性訓練）」などの手法が盛んに実施され、従業員間のコミュニケーションを活性化することによって、相互作用が円滑に機能する組織・チームづくりが行われた。

系的に行っているケースは稀である。したがって、「組織開発という言葉は聞いたことがないが、チームビルディングは自社でも行っている」という状況が起こり得る。

同様のことは、従業員サーベイなどにも言えるだろう。近年は「従業員満足度調査」や「エンゲージメントサーベイ」など、社内サーベイを通して組織の状態を把握しようとする企業が増えている。しかし、サーベイ単体で行われることも多く、結果をその後のアクションプランにまで落とし込む企業は意外なほど少ない。

今回のインタビュー調査においても、「エンゲージメントサーベイは毎年行っているが、モニタリング機能にとどまっている」という声が複数あった。つまり、組織の状態を「診断」はするが、活性化に向けた具体的な「処方箋」は書いていないということである。

このように、たとえ組織開発の手法を実施していたとしても、組織開発を行っているとは必ずしも言えないケースが、多数存在している。

「組織開発」に対する従業員の認識

それでは、組織開発を受ける側の従業員は、組織開発についてどのような認識を持っているのだろうか。

既に述べたように、そもそも組織開発という言葉を聞いたことがないということもあり得るだろう。また、チームビルディングなど、組織活性化の取り組みは行われているが、組織開発として意識的・体系的には行われていないと感じている人もいるかもしれない。一方で、経営層や人事部門が積極的に組織開発を推進していると認識している従業員も、いるかもしれない。

組織開発については、その実態について不明な部分が多い。これらの疑問を明らかにするために、組織開発の現状に対する従業員の認識を調査した。図表５－１は、その結果である。

図表５－１から、組織開発の現状について複数の状況が垣間見える。

第１に、全体で見ると、「組織開発」という言葉を社内で聞いたことがない従業員が約４割（37・８％）存在している。４割という数字を大きいと見るか小さいと見るかは解釈が分かれるところであるが、本調査の対象となった従業員数３００名以上の企業においても、10人中４人は組織開発という言葉を社内で聞いたことがないという状況である。

一方、経営層もしくは人事部門が中心になって組織開発を推進していると認識している

図表 5-1　組織開発に対する従業員の認識（全体）

		人数	割合
全体	経営層が先頭に立って、組織開発を推進している	417	18.2%
	人事部門を中心に、組織開発を行う部署や担当者がいる	326	14.2%
	組織活性化の活動は行っているが「組織開発」として意識的・体系的に行われていない	669	29.1%
	社内で「組織開発」という言葉を聞いたことがない	**869**	**37.8%**
	その他	16	0.7%
	合計	2,297	100.0%

従業員が3割以上（経営層と人事部門を合わせて32・4%）いることも確認された。

全体として、組織開発を積極的に推進している企業が3割、実施しているが組織開発として意識的・体系的に行われていない企業が3割、組織開発が行われていない企業が4割という現状が推察される結果となった。

もちろん、これは従業員の認識であるため、経営層や人事部門の認識とは異なる可能性がある。もし読者のなかで経営層や人事部門の方がいれば、自社従業員の認識を想像してみるのも面白いかもしれない。1つだけ確かなことは、従業員に対し、「組織開発」という概念や営みを浸透させていく余地は十分に残されているという点である。

日系・外資系の違いは経営層の取り組み姿勢

次に、図表5－2に注目してほしい。図表5－2は、従業員から見た組織開発の現状を、日系・外資系企業に分割して集計し直したものである。

両者の違いについて最も注目すべき点は、組織開発に対する「経営層の取り組み姿勢」である。日系企業では「経営層が先頭に立って、組織開発を推進している」と回答した従業員が14％である一方、外資系企業では24％であった。10％の違いではあるものの、経営層の取り組み姿勢に最も大きな差が確認された点は、注目に値する。

一方、日系・外資系で最も差が小さかったのが、人事部門の取り組み姿勢である。両者の差は2・3％であり（日系13・2％・外資系15・5％）、日系・外資系間でほとんど差がない。つまり、経営層の取り組み姿勢で確認された日系・外資系の10％の差は、人事部門以外で発生しているということになる。一連の結果を鑑みると、外資系企業では、経営層が積極的に組織開発に取り組むことによって、「社内で『組織開発』という言葉を聞いたことがない」「組織活性化の取り組みは行っているが、『組織開発』として意識的・体系的に行われていない」という従業員の印象、認識が減少していることが推測される。

図表5-2　組織開発に対する従業員の認識（日系・外資系）

		人数	割合
日系	**経営層が先頭に立って、組織開発を推進している**	**188**	**14.0%**
	人事部門を中心に、組織開発を行う部署や担当者がいる	178	13.2%
	組織活性化の活動は行っているが「組織開発」として意識的・体系的に行われていない	429	31.9%
	社内で「組織開発」という言葉を聞いたことがない	543	40.4%
	その他	6	0.4%
	合計	1,344	100.0%
外資系	**経営層が先頭に立って、組織開発を推進している**	**229**	**24.0%**
	人事部門を中心に、組織開発を行う部署や担当者がいる	148	15.5%
	組織活性化の活動は行っているが「組織開発」として意識的・体系的に行われていない	240	25.2%
	社内で「組織開発」という言葉を聞いたことがない	326	34.2%
	その他	10	1.0%
	合計	953	100.0%

「多様性」が「組織開発」を推進する

図表5－2の結果を総合的に勘案すると、組織開発については、外資系企業の方が、経営層を中心に意識的・体系的に推進していることがうかがわれる。繰り返しとなるが、従業員の認識が基準であるため、組織開発を実施している企業側の認識とは乖離があるかもしれない。しかしむしろ、従業員の目から見ても経営層の取り組み姿勢に最も大きな差が確認された点は、興味深い。

このような事実は、外資系企業において組織開発の優先順位が相対的に高いものであることを示唆している。またその背景には、従業員の多様性の問題があることが推察される。

本章の注1でも述べたように、組織開発は歴史的に多様な人種・価値観が混在する米国において発展してきた。米国においては多様であることが日常であり、それゆえに、従業員の絆や結束を高めるための手段として組織開発が重視されてきた経緯がある。わが国にある米国を本社とした外資系企業においても同様の価値観が引き継がれており、手段としての組織開発が日系企業よりも重視されていることが考えられる。

日本においても近年、組織開発が注目されている背景として職場のメンバーや働き方の多様性を指摘したが、「組織開発」と「多様性」は密接に関係している。今後、日本においても職場の多様性が高まるにつれて、組織開発の実施率や「誰が」組織開発を推進するのかについて変化が生じるだろう。

3 「参加経験」から見た組織開発の実態

我々はさらに別の角度からも組織開発の実態を分析した。先ほどの設問では所属企業の組織開発の状況について回答をしてもらっている。だが、そもそも「組織開発」という言葉になじみがない従業員にとっては回答自体が困難だったことも考えられる。

それゆえ、次の設問では、従業員の「経験」に着目した。組織開発と関連が深い活動への「参加経験」を調査することによって組織開発の実態を探っている。具体的には、2297名の従業員に「所属企業で実施されている活動について、ご自身が参加したことのある活動を『すべて』選んでください」という設問に回答をしてもらった。

はじめに、本調査では組織開発の定義についてアカデミック（学術的）なものを使用せず、「チーム・部署・組織の活性化や円滑な運営を目的とした活動」と表現し直すことで、従業員の理解を促している。

また、当初は「Tグループ」「ST（感受性訓練）」「従業員サーベイ」「ワールド・カフェ」「フューチャーサーチ」「アプリシエイティブ・インクアイアリー」など、組織開発で使用される主だった手法から参加経験のあるものを選択してもらうことを検討した。しかし、それでは組織開発の手法名を知らない従業員は回答することができない。

それゆえ、選択肢の設定においては、「チームの活性化活動」「ダイバーシティの浸透活動」「従業員満足度調査・エンゲージメントサーベイ」など、従業員が判断しやすい項目名に変更している。最終的に、組織開発と通常考えられている活動、もしくは本調査の定義に当てはまる15の活動（以下、組織開発活動と略記）を選択肢として用意し、各人が参加経験のあるものをすべてチェックする形式で調査を行った。

７割の社員が組織開発活動に参加

調査の結果、まず自社で組織開発活動が行われていると回答した従業員は、２２９７名中１８５６名（80・８％）であった。[2] また、この１８５６名の内、何らかの組織開発活動に参加経験があると回答した従業員は１６０６名であった。

言い方を変えれば、そもそも自社で組織開発が行われていないと回答した者が４４１名（全回答者２２９７名の19・２％）おり、自社で組織開発活動が行われているが参加したことがないと回答した者が２５０名（全回答者２２９７名の10・８％）いることが確認さ

2　１８５６名のうち、日系企業社員は１０３８名であり、このなかで組織開発活動に参加経験があると回答した社員は８９３名（86・０％）であった。また、外資系企業社員は１８５６名中８１８名であり、このなかで組織開発活動に参加経験があると回答した社員は７１３名（87・２％）であった。

れた。

つまり、全回答者の約7割（1606名）が組織開発活動に参加経験があり、約3割（691名）が自社で組織開発活動が行われていない、もしくは行われているが参加したことがない、ということである。

また、組織開発に参加経験がある従業員1606名によってチェックされた組織開発活動の総数は、5082個であった。この結果から、従業員一人当たり平均3・2個の組織開発活動に参加していることが確認された。

ただし、上記結果を日系・外資系に分割したところ、日系社員は893名で合計2523個（一人平均2・8個）、外資系社員は713名で合計2559個（一人平均3・6個）であった。本結果から、平均的には日系社員よりも外資系社員の方が、組織開発活動の参加経験が多いことが確認された。

最後に、15の組織開発活動それぞれについて、日系・外資系で参加経験の割合に有意差があるかを統計分析した。これは参加経験の総量だけでなく、日系・外資系で具体的に「どの活動の参加経験に差があるのか」を検証するためである。

この分析により、15の組織開発活動を「日系社員の方が参加経験が多い活動」「外資系社員の方が参加経験が多い活動」「日系・外資系で差がない活動」の3つに分類した。図表5－3は、その結果を差が大きかった活動順に並べ直したものである。

組織開発の参加経験は外資系社員の方が多い

分析の結果、15項目中、日系社員の方が有意に参加経験の割合が多かった活動は、「福利厚生施設の充実（社員食堂・社員寮など）」と「フォーマルな社員交流（社員総会・社員旅行・運動会など）」の2項目のみであった。

一方、外資系社員の方が有意に参加経験の割合が多かった活動は、「従業員満足度調査・エンゲージメントサーベイ」「ダイバーシティの浸透活動」「オフィス環境の改善活動（フリーアドレス・休息所の工夫など）」「チームの活性化活動」「組織文化の変革活動」「業務プロセスの改善活動」「組織全体の活性化活動」「部署・事業部の活性化活動」「社員同士の教え合い・学び合い活動」の9項目であった。「製品・サービスの品質改善活動」「新規事業の提案活動」「経営理念の浸透活動」「インフォーマルな社員交流（飲み会・ランチ会・部活動など）」の4項目については、日系・外資系で有意な差は確認されなかっ

図表 5-3　組織開発活動の参加経験の比較

日系社員の方が参加経験が多い活動	外資系社員の方が参加経験が多い活動	日系・外資系で差がない活動	調整済み標準化残差	
	従業員満足度調査・エンゲージメントサーベイ		8.8	↑ 差が大きい
	ダイバーシティの浸透活動		8.1	
	オフィス環境の改善活動（フリーアドレス・休息所の工夫など）		5.2	
	チームの活性化活動		5.0	
	組織文化の変革活動		3.9	
	業務プロセスの改善活動		3.9	
	組織全体の活性化活動		3.9	
福利厚生施設の充実（社員食堂・社員寮など）			3.3	
	部署・事業部の活性化活動		2.8	
	社員同士の教え合い・学び合い活動		2.7	
フォーマルな社員交流（社員総会・社員旅行・運動会など）			2.1	
		製品・サービスの品質改善活動	1.6	
		新規事業の提案活動	1.0	
		経営理念の浸透活動	0.2	
		インフォーマルな社員交流（飲み会・ランチ会・部活動など）	0.1	差が小さい ↓

た。

本分析のポイントは、日系・外資系で「どういう活動の参加経験により大きな差があるのか」という点が明らかになったことだろう。図表5－3右端の「調整済み標準化残差」に注目してほしい。この数値が大きいほど、参加経験の割合の差が大きいことを意味する。

つまり、日系・外資系社員で最も大きな差が確認された組織開発活動は

「従業員満足度調査・エンゲージメントサーベイ」であり、２番目が「ダイバーシティの浸透活動」ということになる。他にも、「チームの活性化活動」「組織文化の変革活動」「業務プロセスの改善活動」など、多数の項目で外資系社員の方が参加経験の割合が多いことが確認された。

全体として、全項目の約３分の２で外資系社員の方が有意に参加経験の割合が高いというのは、少々驚きの結果である。特に「チームの活性化活動」や「社員同士の教え合い・学び合い活動」などは、日系企業の方が熱心なイメージを持たれる読者も多いのではないだろうか。

もちろん、今回の調査結果のみで判断することはできない。しかしながら、総じて外資系社員の方が、組織開発活動の参加経験の割合が高いことが確認された。また少なくとも、そのような活動に参加しているという「認識」を外資系社員が持っているという点については留意する必要があるだろう。

4 組織開発の効果とは？

次の疑問は、組織開発の「効果」である。従業員が感じる組織開発の効果とは何であろうか。本章の冒頭で組織開発とは「組織（チーム）を円滑に work（機能）させるための意図的な働きかけ（介入）」であると紹介した。また組織開発の効果として、職場のコミュニケーションを円滑にし、組織・チームが同じ目標に向かって邁進するための「求心力」になることが期待されている。

しかしながら、組織開発の「実際の効果」については不明な部分も多い。職場のコミュニケーションが円滑になることは重要であるが、さらに重要なのは、それが組織やチームに何をもたらすのか、という点である。

実際、組織開発活動に参加している従業員は、どのような効果を感じているのだろうか。さらに、日系・外資系で組織開発の効果に違いはあるのだろうか。これらの疑問に答えるために、組織開発の効果についても調査を行った。具体的には、「組織開発の取り組みを通して、どのような効果が得られていると感じますか。当てはまるものを『すべて』選んでください」という設問に回答をしてもらった。

本設問では、「従業員同士の絆・仲間づくり」「所属企業に対する愛着」「経営理念の浸透」など、組織開発の具体的な効果として期待・予想される16項目を作成し、効果があると感じているものをすべてチェックしてもらう形式で調査を行った。さらにその後、選んだ選択肢のなかから「最も効果があったもの」を1つ選択してもらっている。次項では、これらの調査結果について順を追って説明していきたい。

9割の従業員が組織開発の効果を感じている

はじめに、自社で組織開発活動が行われていると回答した1856名のうち、何らかの効果があったと回答した従業員は1658名（89・3％）であった。また、チェックされた効果の総数は6260個であった。つまり、組織開発活動が行われている企業では、9割近くの従業員が何らかの効果を感じており、その数は一人平均3・8個ということになる。

さらに、本結果を日系・外資系に分割したところ、日系社員は915名で3160個

（一人平均3・5個）、外資系社員は743名で3100個（一人平均4・2個）であった。この結果から、平均的には日系社員よりも外資系社員の方が、組織開発の効果をより多く感じていることが確認された。言い方を変えれば、日系企業よりも外資系企業の方が、組織開発活動が効果的に行われていることが推測される。

外資系社員の方が組織開発の効果を感じている

次に、「その他」を除く15個の効果それぞれについて、日系・外資系でチェックの割合に有意差があるかを統計分析した。効果の総量だけでなく、「どの効果に差があるのか」を検証するためである。これにより、15個の効果を「日系社員の方がより多く知覚している効果」「外資系社員の方がより多く知覚している効果」「日系・外資系で差がない効果」の3つに分類した。図表5－4は、その結果を差が大きかった順に並べ直したものである。

分析の結果、日系社員の方が外資系社員よりも多く知覚している組織開発の効果は1項目もなかった。一方、外資系社員の方がより多く知覚している効果は、「ダイバーシティ（多様性）を受容・尊重する」「所属企業に対する愛着」「イノベーションの創発」「社員同

図表5-4　組織開発活動の効果の比較

日系社員の方がより多く知覚している効果	外資系社員の方がより多く知覚している効果	日系・外資系で差がない効果	調整済み標準化残差
	ダイバーシティ（多様性）を受容・尊重する		8.6
	所属企業に対する愛着		5.2
	イノベーションの創発		3.9
	社員同士が学び合う文化		3.4
	売上の向上		2.8
	円滑な情報共有		2.3
	経営理念の浸透		2.3
		離職の防止	1.8
		業務プロセスの改善	1.7
		組織風土の改革	1.6
		新製品・新サービスの開発	0.8
		新規事業の創出	0.5
		生産性の向上	0.1
		従業員同士の絆・仲間づくり	0.1
		製品・サービスの品質向上	−0.8

差が大きい ↕ 差が小さい

士が学び合う文化」「売上の向上」「円滑な情報共有」「経営理念の浸透」の7項目であった。また、「離職の防止」「業務プロセスの改善」「組織風土の改革」「新製品・新サービスの開発」「新規事業の創出」「生産性の向上」「従業員同士の絆・仲間づくり」「製品・サービスの品質向上」の8項目については、日系・外資系で有意な差は確認されなかった。

以上の結果から、組織開発の効果についても、外資系社員の方がより多く知覚していることが確認された。

本分析のポイントは、日系・外資系で「どの効果により大きな差があるのか」という点が明らかになったことだろう。従業員が感じている組織開発の効果のなかで、日系・外資系で最も大きな差があったのが「ダイバーシティ（多様性）を受容・尊重する」であり、2番目が「所属企業に対する愛着」であった。

従業員視点で見た場合、外資系社員は日系社員よりもダイバーシティの尊重や組織への愛着を、組織開発の効果としてより多く感じているということである。

また、図表5－4の結果は、外資系企業が「何を重視して」組織開発を行っているかを示唆しているとも考えられる。分析結果を素直に受け取るのであれば、外資系企業はダイバーシティの尊重や組織への愛着を重視して組織開発を行っている可能性が高い。これは、組織開発が発展してきた歴史的経緯や、多様性のなかに「求心力」を形成するという組織開発の目的とも整合するものである。

今後は日系企業でも組織開発の重要性が高まる

一方、組織開発の効果について、日系社員の方がより多く知覚している効果が1つもないという結果は、少々ショッキングなものと言わざるを得ない。特に「所属企業への愛着」や「社員同士の絆・仲間づくり」などは、従来、日本企業の強みとされてきた分野である。本調査は組織開発の効果に焦点を当てているため、それ以外の施策で組織への愛着や仲間づくりが行われている、という反論もあるかもしれない。また、同質性が高いとされる日本社会では、これまであえて「仲間づくり」などに企業が特別な介入をする必要がなかったのかもしれない。

しかしこれからは違う。「働く人」「働く価値観」「働き方」が混在する集団をまとめあげていくために、企業が意図的・計画的に働きかけなければならない場面も増えていくだろう。そのための手段として、組織開発に関する知見を積み上げておくことは、日系企業にとっても有益である。

また、一連の結果を見る限り、組織開発の経験や効果の獲得については、外資系企業に一日の長がある。本調査は組織開発における日系・外資系企業の優劣や巧拙を述べるためのものではない。しかしながら、調査結果は一貫して、外資系企業が日系企業よりも積極的に組織開発に取り組んでいることを示している。

5　組織開発は従業員が活躍するための舞台づくり

最も効果があったものは

本節では、さらに別の角度から組織開発の効果に焦点を当てていく。具体的には、15個の効果それぞれについて「最も効果があった」に選ばれた割合を算出し、割合が高い順に並べ直すことで組織開発の効果を再検証した。図表5－5は、その結果を日系・外資系別にまとめたものである。

本結果で最も注目すべきは、組織開発の効果とは総じて「組織の土台づくり」であることが確認された点である。

図表5－5に注目してほしい。従業員から見た場合、組織開発の最も大きな効果は「従業員同士の絆・仲間づくり」であった。具体的には、まず日系企業では913名中577

図表 5-5　日系・外資系の組織開発の効果

			効果があった（複数回答）	最も効果があった（単一回答）	最も効果があった割合
日系（n=913）	**従業員同士の絆・仲間づくり**	組織の土台づくり	577	366	63.4%
	円滑な情報共有		321	117	36.4%
	業務プロセスの改善		247	69	27.9%
	社員同士が学び合う文化		289	73	25.3%
	経営理念の浸透		228	52	22.8%
	組織風土の改革		177	40	22.6%
	ダイバーシティを受容・尊重する		198	43	21.7%
	生産性の向上	ビジネスに直結する分野	232	42	18.1%
	所属企業に対する愛着		256	41	16.0%
	離職の防止		124	18	14.5%
	製品・サービスの品質向上		171	23	13.5%
	新規事業の創出		72	9	12.5%
	売上の向上		82	9	11.0%
	新製品・新サービスの開発		86	7	8.1%
	イノベーションの創発		98	4	4.1%
	合計		3,158	913	
			効果があった（複数回答）	最も効果があった（単一回答）	最も効果があった割合
外資系（n=743）	**従業員同士の絆・仲間づくり**	組織の土台づくり	470	252	53.6%
	ダイバーシティを受容・尊重する		306	82	26.8%
	円滑な情報共有		302	75	24.8%
	業務プロセスの改善		228	49	21.5%
	社員同士が学び合う文化		295	63	21.4%
	経営理念の浸透		223	45	20.2%
	所属企業に対する愛着		297	59	19.9%
	生産性の向上	ビジネスに直結する分野	190	36	18.9%
	組織風土の改革		167	22	13.2%
	売上の向上		98	12	12.2%
	イノベーションの創発		129	15	11.6%
	新製品・新サービスの開発		79	9	11.4%
	離職の防止		124	11	8.9%
	製品・サービスの品質向上		127	10	7.9%
	新規事業の創出		64	3	4.7%
	合計		3,099	743	

名（63・2％）が組織開発の効果として「従業員同士の絆・仲間づくり」を挙げている。また、その内366名が「従業員同士の絆・仲間づくり」を「最も効果があった」に選んでおり、その割合は63・4％であった。

同様に、外資系企業でも743名中470名（63・3％）が「従業員同士の絆・仲間づくり」を組織開発の効果として挙げている。また、その内252名（53・6％）が「最も効果があった」に選んでいる。

さらに、第2位以下についても「最も効果があった」に選ばれた割合順に見ていくと、上位には「円滑な情報共有」「業務プロセスの改善」「ダイバーシティを受容・尊重する」「社員同士が学び合う文化」「組織風土の改革」「経営理念の浸透」などがランクインしている。一方、「生産性の向上」「売上の向上」「新製品・新サービスの開発」「新規事業の創出」など、ビジネスに直結する項目群の順位は総じて低い。この結果は多少の順位の違いはあっても、日系・外資系で共通している。[3]

以上の結果を総合的に勘案すると、組織開発の効果とは売上や生産性を直接向上させることではない。むしろ、それらを向上させるための情報・理念の共有、業務プロセスの改善、仲間づくり、組織文化づくりにあると言える。換言すれば、組織開発の効果とは「組織の土台づくり」であり、人材が活躍するための「舞台」を整えることにあると考えられる。

本章の冒頭で組織開発の目的は「職場のコミュニケーションを円滑にし、組織・チームが同じ目標に向かって邁進するための『求心力』を形成すること」と述べたが、まさにそのような効果があることが今回の調査結果から確認された。特にこのような結果が組織開発を企画・実施する企業側ではなく、従業員側の調査から実際に確認された点は意義深い。

結論として、組織開発の効果とは、組織の土台をつくり、多様な「働く人」「働く価値観」「働き方」をまとめ上げることにある。またそれによって人材が活躍するための「舞台づくり」を実現することにあると言えるだろう。

3　ただし、外資系企業では「ダイバーシティを受容・尊重する」「所属企業に対する愛着」が、第2位と第7位になっており、日系企業の第7位と第9位よりも上位にランクインしている。本結果からも、外資系企業がダイバーシティの尊重や組織への愛着を重視して組織開発を行っていることがうかがわれる。

「舞台づくり」は従業員のエンゲージメントを高めるのか？

前項では、組織開発とは人材が活躍するための「舞台づくり」であることを指摘した。組織開発によって従業員同士の絆が深まり、情報・理念の共有や業務プロセスの改善などが進むことは、円滑な組織運営にとっても有益なものである。組織開発は、総じてチームや組織にとって有意義な活動と言えるだろう。

しかしながら、読者がさらに気になるのは「組織開発によって舞台が整えば、従業員は熱心に仕事に取り組むのか」という点ではないだろうか。言い換えれば、組織開発など「組織」に対する投資は、組織自体だけでなく、従業員「個人」の仕事ぶりや態度変容にもつながるのか、という疑問である。舞台が整っても従業員の仕事に対する姿勢・態度がまったく変わらないのであれば、組織開発の意味は半減してしまう。

この疑問を解くため、「組織開発の充実度」と従業員の「ジョブ・エンゲージメント」の関係を分析した。

ジョブ・エンゲージメントとは、仕事に対する熱意・集中・積極性や関わりの深さを表す概念である。もし組織開発に従業員の仕事の取り組み姿勢を前向きにする効果があると

図表5-6　ジョブ・エンゲージメント尺度

Rich et al.（2010）によるジョブ・エンゲージメント尺度	
身体的（Physical）	1. 自分の仕事に熱中している
	2. 自分の仕事に最大限の努力をしている
	3. 自分の仕事に多くのエネルギーを注いでいる
	4. 良い仕事をするためにベストを尽くしている
	5. 仕事を仕上げるために可能な限り頑張っている
	6. 自分の仕事に多大な労力を費やしている
感情的（Affective）	7. 自分の仕事に情熱を持って取り組んでいる
	8. 仕事をしていると活動的な気分になる
	9. 自分の仕事が面白いと思う
	10. 自分の仕事に誇りを持っている
	11. 自分の仕事を前向きなものと感じている
	12. 自分の仕事にワクワクしている
認知的（Cognitive）	13. 職場では、仕事のことばかり考えている
	14. 職場では、自分の仕事に多くの注意を払っている
	15. 職場では、自分の仕事に集中している
	16. 職場では、自分の仕事にかなりの神経を使っている
	17. 職場では、自分の仕事に没頭している
	18. 職場では、自分の仕事にたくさんの気配りをしている

すれば、組織開発の充実度と従業員のジョブ・エンゲージメントは正の相関関係を示すはずである。つまり、組織開発の充実度が高まるほど、従業員のジョブ・エンゲージメントも有意に高まることが推測される。

前述の仮説を検証するため、本調査ではRich et al. (2010)の「ジョブ・エンゲージメント尺度[4](JES尺度)」を用いて、従業員2006名の仕事に対するエンゲージメントを測定した。具体的には、図表5-6の18項目について「強くそう思う〜まったくそう思わない」の7段階で回答をしてもらい、それらを総合して従業員の「ジョブ・エンゲージメント」とした。

同様に、組織開発の充実度については、「総合的に見て、所属企業は組織開発の取り組みが充実している」「自社の組織開発の取り組みは、チーム・部署・組織の活性化や円滑な運営に役立っている」など5項目について7段階で回答をしてもらい、それらを合わせて「組織開発の充実度」とした。さらに今回は、回答結果をもとに組織開発の充実度を「低・中・高」の3つのグループに分割した。[5]

各グループのジョブ・エンゲージメントを算出し、組織開発のレベルと従業員のジョブ・エンゲージメントのレベルがどのような関係にあるのかを明確にするためである。図

表5－7は、以上の分析結果をまとめたものである。

「組織」に対する投資は「個人」の活躍・成長に還元される

図表5－7に注目してほしい。分析の結果、組織開発の充実度が向上するにつれて、従業員のジョブ・エンゲージメントが高まることが確認された。具体的には、組織開発の充実度が「低」のグループでは、従業員のジョブ・エンゲージメントの平均値は4・00／7・00であった。一方、組織開発の充実度が「中」のグル

4　Rich et al. (2010) によれば、ジョブ・エンゲージメントは身体的（Physical)、感情的（Affective)、認知的（Cognitive）の3要素から構成される。本調査で使用した図表5－6のジョブ・エンゲージメント尺度の邦訳は、本書の研究会で行った。また、尺度の信頼性を表すクロンバックのαは0・96であり、高い信頼性を得ることができた。「組織開発の充実度」についても、α＝0・95の高い信頼性が確認された。

5　「組織開発の充実度」のグループの分割は四分位数をもとに行った。第1四分位点以下（下位約25％）の値をとるグループを「低」、第1四分位点から第3四分位点（中間の約50％）の値をとるグループを「中」、第3四分位点以上（上位約25％）の値をとるグループを「高」とした。

図表 5-7　組織開発の充実度と従業員のジョブ・エンゲージメントの関係

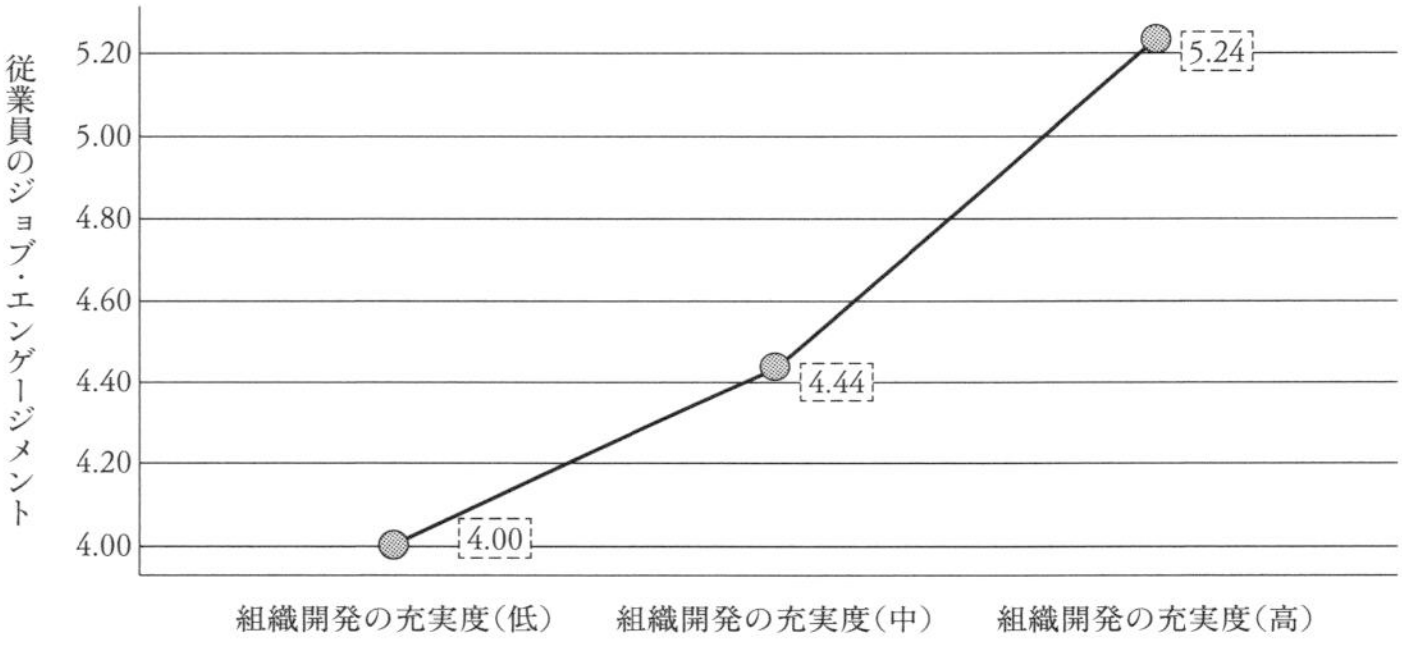

ープでは平均値が4・44、「高」のグループでは平均値が5・24まで上昇している。

これにより、組織開発の充実度が向上するにつれて、従業員のジョブ・エンゲージメントも向上する正の相関関係が確認された。

また、上記の関係が偶然ではないことを確認するため、3群以上の平均値の差を検定する分散分析を行った。分析の結果は有意（$p < 0.001$）であり、統計的にも「低・中・高」の3グループ間に有意差があることが確認された。[6] また、平均値の差の大きさを示す効果量η^2（イータ2乗）は0・19であり、この数値は、3グループの平均値間にかなり大きな差（効果量大）があることを示している。[7]

本分析については、分析対象を男性・女性、日系・外資系、年代別（20代・30代・40代）に分割しても同様の結果が得られており、属性にかかわらず引き起こされる現象であることが強く推測される結果となった。

結論として、組織開発の充実度は、従業員のジョブ・エンゲージメントに大きな差をつくり出す要因であることが確認された。換言すれば、組織開発を充実させることは、従業員の仕事に対する取り組み姿勢を前向きなものにし、ジョブ・エンゲージメントを向上させる可能性が高い。

もちろん、本分析で両者の因果関係まで特定することはできないが、組織開発のレベルが従業員のジョブ・エンゲージメントのレベルと強く関係していることが確認された事実は注目すべきものである。「組織」に対する投資は、ジョブ・エンゲージメントの向上を通して、従業員「個人」の仕事ぶりや活躍・成長に結びつくことが強く示唆される結果となった。

6　分散分析の結果は、$p < 0.001$ で有意であった。また、その後の多重比較（Bonferroni：ボンフェローニ法）においても、すべての水準間で $p < 0.001$ の有意差が確認された。

7　水本・竹内（２００８）によれば、分散分析における効果量の目安は、η^2（イータ２乗）の値が０・０１で効果量（小）、０・０６で効果量（中）、０・１４で効果量（大）となっている。

6　組織づくりのための投資のすすめ

本章では、人材育成を促進する組織づくりをテーマに、組織開発に関する調査結果を共有してきた。本章の結論として、2つの点を強調したい。

組織への投資は個人の活躍に還元される

第1に、最も強調すべきは、「組織」に対する投資は、最終的に従業員「個人」の活躍や成長に還元されるという点である。図表5－7でも確認できるように、組織開発の充実度と従業員のジョブ・エンゲージメントは強く連動している。

組織開発によって従業員同士の絆が深まり、コミュニケーションや情報共有などが活発化することは、従業員の仕事に対する取り組み姿勢を前向きなものにする。その結果、担当職務に対する熱意・集中・積極性などのジョブ・エンゲージメントが向上する。このジョブ・エンゲージメントの高まりは、従業員「個人」の仕事における活躍やその後の成長にも強く結びつくものである。

一般に、「人材育成」というと「個人」に対する支援を想像しがちである。しかし、「個人」の成長を促進するためには「組織」への投資が不可欠、というのが本章の結論である。前章まで見てきたように、確かに人材育成に熱心な企業はタレントマネジメントをはじめとして「個人」に手厚い支援を行っている。しかしながら、我々が認識しなければならないことは、企業はタレントマネジメントの対象になるような従業員だけで構成されているわけではないという点である。また、将来のリーダー候補も、周りの支援や組織からのサポートがなければ、期待される成長や本来の実力を発揮することはできないだろう。

つまり、「個人」の成長に「組織」の存在は不可欠なのである。個人は個人のみで成長するわけではない。職場の上司・同僚・部下との学び合いや切磋琢磨するなかで成長していくのである。

もし我々が「個人」という「木」を育てたいのであれば、「組織」という「森」にも目を向けなければならない。森全体を豊かにしていく活動が、個々の木の成長にもつながる。企業においてその役割を担うのが「組織開発」である。

繰り返しとなるが、組織開発とは人材が活躍するための「舞台づくり」である。また、

「舞台が整う」ことによって従業員の仕事に対するエンゲージメントが高まることも確認された。つまり、「組織」に対する投資は、ジョブ・エンゲージメントなどの向上を通して、最終的に従業員「個人」の仕事ぶりや成長に還元されるのである。「個人」の成長支援を促進するためには、「組織」という舞台そのものの価値や効果を認識し、意識的に投資をしていく姿勢が不可欠である。

「組織開発」という統一的なコンセプトの下での組織活性化を

第2に、「組織開発」という統一的なコンセプトの下で組織活性化の活動を行う重要性である。今回の調査から、約7割の従業員が組織開発に関連する活動に参加経験があることが確認された。また、企業に対するインタビュー調査からも、チームビルディングやエンゲージメントサーベイなど、組織の活性化や円滑な組織運営に結びつく活動を定期的に行っていることが確認されている。

しかしながら、同時に明らかになったことは、上記のような活動を「組織開発」として意識的・体系的に行っている企業は極めて少ないという点である。つまり、個々の活動は熱心に行われているものの、各活動は独立しており、施策間の関係も不明確である。

これでは、せっかくの活動も効果が単発化・散逸化してしまう可能性がある。今後は、ばらばらに行われている活動を統合し、施策間の相乗効果を図っていくことが重要になるだろう。

「組織開発」は、組織運営や組織活性化の活動を統一的なコンセプトで実施していくうえでも、有効な概念・手段になり得るものである。また、組織開発に対する認識・実践が未だ発展途上にあることは、本分野に対する投資が、わが国企業と従業員にとって実り多いものになることを強く約束するものである。

終章

人材投資改革の方向性

・我々が、本書で強調したかったことは、現在、環境や企業の戦略変化のなかで、わが国企業の人材マネジメントのあり方は、転換をしなくてはならない時期にあるということである。
・その方向性を探るために、東京と米国カリフォルニア州で合計13社、24名の人事責任者インタビュー調査と20~40代の約2300人（1時点）を対象として、3時点でのアンケート調査を行った。
・結果として、4つの提言がまとまった。①外部労働市場との戦略的連携、②人材育成のパラダイムシフト、③働く人のマインド面への投資、④組織開発の進展である。
・人材マネジメント全体を網羅してはいないが、この4点は、変化する環境のなかで、現在の人材マネジメントを改革するうえで考慮すべき点である。
・ただし、その転換は、いくつかのジレンマを引き起こす可能性があり、様々な要因を考慮しながら、戦略的に進めなくてはならない。

我々が、本書で強調したかったことは、わが国企業の人材マネジメントのあり方は、転換をしなくてはならない時期にあるということである。

それも、「ジョブ型雇用（ジョブ型人事管理）への転換」や「人的資本経営の実施」といったビッグワードで思考を進めるのではなく、変化する環境のなかで、現在の人材マネジメントのあり方を吟味し、何を変えるべきで、何を残すべきなのかという考察をしたうえで、必要な修正を施していくことが必要なのではないかという主張である。

もちろん、ジョブ型や人的資本経営などのアイデアは人の目を引きやすい。人の心に訴えかける可能性があり、変革の御旗としては、好都合なのかもしれない。しかし、本当に必要なのは、具体的に何をどう変えていくかを考えることであろう。その意味で、本書で行ったインタビュー調査やアンケート調査の分析結果からは、大きく4点の示唆が得られている。

1　外部労働市場との戦略的連携

第1は、外部労働市場との戦略的連携である。既に述べたように、わが国の人材投資・

人材マネジメントは、企業内人材のマネジメントについては極めて優れたシステムを形成してきた。もともと人事管理という分野自体が、企業内での人材と活用に関する経営活動であり、日本に限らず、海外企業の人事管理も、企業内部での人材マネジメントのために構築されたシステムである。

しかし、環境の変化とともに、海外企業の人材マネジメントの仕組みは、外部労働市場との人材の送り出しや受け入れ、また働く人と外部労働市場との関連（例えば、従業員の他社への移動や外部労働市場における賃金相場への対応など）を考慮した人材マネジメントのあり方を発展させてきた。それどころか、我々が調査を行った米国西海岸の企業では、極端に流動化の進んだ状況下で、外部労働市場との連携を考慮しない人材マネジメントでは成立しないといった印象であった。

ちなみに、リンクトインというビジネスプロフェッショナル向けのＳＮＳサービスがあるが、これは、個々の人材が常に自分の履歴書を、いつも外部に公開しているようなものだと言ったインタビュイーがいたが、まさに的確な表現で、従業員は一つの企業で働きながら、常に自分を転職マーケットに置きつつ、日々の仕事をしているとも言える状況なのである。

外部労働市場の存在感増大

現在、経営戦略の変化とともに、わが国でも外部からの人材の受け入れ（いわゆる経験者採用など）は、急速に増大している。新たな人材ニーズを満たすためには、外部労働市場に頼るしかない状況が多く見られるようになっているのである。

実際、経営戦略変化の下で、企業内部では素早く調達できないスキルや専門性を持った人材を確保することが重要になってきたいま、採用の枠組み、賃金グレード、ひいては雇用契約などを工夫して、こうした人材を外部労働市場から獲得しようとする企業も増えてきた。

また外部労働市場への人材の転出（いわゆる転職）も増加している。働く人にとって、様々なサービスが提供され、外部労働市場に行けば、自分の賃金がどのぐらいになるのか、またどういう仕事に就ける可能性があるのかに関する情報も、以前よりはたやすく手に入るようになってきた。結果として、自発的な転職が増えてきた。

このように、わが国企業の人材マネジメントは、以前より外部に開かれてきているのである。第2章では、そうしたなか、内部労働市場の人材マネジメントと外部労働市場の人材マネジメントとをどう連携していくのかについて、考えるべきときに来ているという議論がなされた。

具体的には、Make（内部調達）とBuy（外部採用）、さらにはBorrow（業務委託などの期限付きの人材活用）をどう組み合わせて、戦略が要請する人材の組み合わせ（人材ポートフォリオ）を構築するのか、キャリアに関して自律的に考え、必要だと判断したら他の企業へ移る可能性が高い人材が数多くなるなかで、どう自組織へのエンゲージメントを高めていくのか、経験者として採用した人材をどうオンボード（スムーズに受け入れ、成果を出してもらうのか）し、リテインするのか、他社に移ってしまった人とどう関係を維持するのかなどの課題がある。

さらに、もう一つのポイントとして、人材マネジメントが外部労働市場との連携を強めると、例えば、「公平性」という概念の捉え方も違ってくる。これまでは、どちらかと言えば、社内の他者（同僚など）との公平感（内部公平性と呼ばれる）が重要であり、働く人は、同僚や同期の仲間などとの比較に一喜一憂していた。

だが、今後は、他企業の他者との公平感（外部公平性）が重要だと考える社員が増えてくることが考えられる。他企業の同じような経験を持ち、同じような仕事をしている他者との比較を気にするようになってくるのである。そうなると、企業としても、外部労働市場での給与相場との比較における公平性に関心を持たざるを得なくなるし、労働市場での給与相場との乖離などを補正しなくてはならないかもしれない。ただし、そうした労働市場での給与比較の情報は、転職したいと考える人材をさらに増やすかもしれない。

内部労働市場にもメリットが

ただ、考えてみると、企業内（内部労働市場）での人材マネジメントが持つメリットも大きい。雇用の安定や人材育成促進、会社の文化や価値観の共有や配置転換が持つ能力開発上の機能などがあるだろう。またこれまでの人材マネジメントは、チームワークや会社というコミュニティへの一体感を重視してきた。

つまり、わが国の企業は、今後、人材マネジメントにおいて、内部労働市場と外部労働市場とのバランスを考えながら、外部の労働市場との接点をどう設計し、どう交流を持っていくのかに関する人材戦略を考えなくてはならないのである。内部労働市場のメリットをにらみつつ、外部労働市場との関係をどう構築していくかを人材戦略として考えなくてはならない時期に来ている。

米国の研究者ピーター・キャペリは『雇用の未来』[1]という本のなかで、米国の企業が、明確な人材戦略なしに、外部労働市場を活用した人材マネジメント（例えば、人材獲得は、主に外部労働市場での調達にする）を進めたために、企業の人材マネジメントが外部労働市場に翻弄される結果となった過程を議論しているが、戦略なしに外部労働市場との連携を始めると、わが国の企業も同様の結果に陥るかもしれない。

現在の内部労働市場が持っている良い点と外部労働市場への開き方をどう組み合わせるのか。そうしたジレンマのなかでの人材戦略づくりが続く。

2　人材育成のパラダイムシフト

本プロジェクトは、第1章に記されたように人材育成についての課題感から発生したこともあり、人材育成については、ジレンマと言えるいくつかの課題が見えてきた。

例えば、第1章でわが国の企業は、他国と比較して、人材育成に対し、案外少額の投資しかしていないという発見事実があった。さらに、ＯＪＴなどは現場で行われることが多く、人事部門などが把握し切れていない実態や費用があることも明らかとなった。

投資額については、人事部門などが把握していない育成のための投資や経費も多く、その意味で、人材育成投資額が過少評価されているという議論も成り立つだろう。この辺りについては、一定の投資額の漏れがあることがインタビュー調査から明らかとなった。

また、ＯＪＴについても、それが現場で行われ、それも教える人と教えられる人との対人関係のなかで行われることが多く、人事部門など外部がその実態や効果を把握できないことが多いようである。そうした特徴が、ＯＪＴが環境変化などから受ける悪影響や効果低減を感知しくにい体制にしていることも明らかとなった。

それでも、２０１９年実施の能力開発基本調査[2]（厚生労働省）によると、教育訓練において、「ＯＪＴを重視する」またはそれに近いと答えた企業の割合は73・6％である。わが国企業で根幹の育成手段である、ＯＪＴによる人材育成が現場任せになっており、人事

1　キャペリ（２００１）
2　厚生労働省（２０１９）

部門や経営などが把握していない可能性があるということは大きな課題である。

そしてより重要な課題は、ＯＪＴなどがキャリア初期に機能していたとしても、時間がたち、個々人が歩むキャリアが多様化すると、一人ひとりが必要とする能力開発ニーズは異なってくることである。能力開発ニーズの多様化である。

同時に経験者採用が増えると、集団として、能力開発ニーズを同定することが難しくなる。こうしたことにより、能力開発ニーズは多様化しており、わが国企業が得意だった「みんなが同じ研修」（第２章）では、無駄が多くなるのである。

多様化・個別化に対応していないこれまでの人材育成

では、わが国の企業は、能力開発ニーズの個別化・多様化に対応する人材育成投資をどれだけ行っており、きめこまかいキャリア開発のためのサポートがどれだけ行われているだろうか。我々がインタビュー調査を行った米国西海岸の企業、および日本の一部企業でも、極めてきめこまやかな一人ひとりのニーズに対応する能力開発体制が整い、ここに多くの投資をしていたところもあった。ただ比較すると日本企業の方が劣っており、こうした個別育成体制にかける人材投資の違いが、上記のような投資金額の彼我の差に表れているという仮説も立てられる。

もちろん、これまでは、現場でのOJTがこうした個別の能力開発ニーズを満たしてきたという主張もできよう。しかし、上記にも見たように、OJTそれ自体は、外部からブラックボックスになっている可能性も高く、またOJTが効果を発揮してきたのは、若手の育成場面である。リスキリングや学び直しなど、キャリア中期以降の能力開発が課題となるなか、少なくともこれまでのOJTを重視した個別的な能力開発のあり方は、他のやり方で補完されなくてはならない。

例えば、第3章で議論されている、「コーチング」である。これは、働く人のマインド（モチベーションやエンゲージメント）に働きかけるという側面も強いが、同時に第4章の分析結果にも見られたように、人材成長を促す効果も確認されている。その意味で、コーチングは、立派な人材育成のためのツールなのであり、個々人が対象なので、能力開発ニーズの多様化が進んだ場合、うってつけの方法でもある。

米国西海岸の企業でも、しばしば従業員のキャリア開発の一環としてコーチングが言及されることが多かった。なお、第3章のデータ分析結果によると、日本国内の外資系企業と比較しても、わが国企業のコーチングの導入レベルは低いと推定される。

選択がカギ

もう一つは、従業員自身が選択できる能力開発メニューの提供である。能力開発ニーズが多様化すると、人事部門などが、個々人の能力開発ニーズを把握することが極めて難しくなる。さらに、現在、キャリア・オーナーシップまたはキャリア自律志向の強い人材が増え、個々のキャリアプランも多様化してくる。

そのなかで必要なのは、従業員が自分で能力開発ニーズを把握し、それに合った選択ができる能力開発体制の提供であろう。第3章でも述べられているように、自分で選んで望む能力開発プログラムやコースを選択し、キャリアを自分で開発していくための体制づくりである。米国西海岸の調査では、ほぼすべての企業で、能力開発は自分で自律的に行うという前提で、そのための環境整備への投資を行っていた。

はたして日本の企業が人材育成投資として把握しているものは、人材の多様化などが進むなかで、十分な育成なのであろうか。新たに必要な人材育成のあり方に十分な投資を行っていないことが、第1章で見られた低い投資額に反映されてはいないだろうか。

単に費目の問題で、実際には投資をしていても人材育成投資として計上されていないのであれば、問題は小さい。また把握していないだけであり、実際には、目に見えない形で投資を行っているならばよい。だが、ＯＪＴについて述べたように、把握できていないということは、環境が変わるなかで、それが機能し、効果を発揮しているのかについての情報も少ないということである。

さらに、個別の能力開発が必要になってきているのに、そうした個別の人材育成ニーズに対応し切れていない、そこへの投資が少ないという可能性は大きな課題である。そして、その先には、個人が選択し、自分なりのキャリア開発を行っていくための体制整備がある。キャリア自律を進めるなか、「みんなが同じ」能力開発体制では多様性に対応できないのである。

米国西海岸で聞かれた話は、こうした体制のない企業は魅力なしと判断され、転職市場のなかで、働く場所として選択されないということであった。今後、わが国の企業も、人材育成に関するパラダイムを、個別、選択などをキーワードにして改革しないと、働く人から見放される時代が来るかもしれない。

これらの転換は、これまでの人材育成・能力開発のあり方からの逸脱であり、大きなパラダイムシフトである。実施にあたっては、様々な他の人材投資、人材マネジメントの他の要素（採用の仕方など）との関連もあり、進めるにあたっては、多くのジレンマを解消しなくてはならないだろう。

3　働く人のマインド面への投資

第4章でも述べられているように、人材育成や能力開発というと、ハードスキルや知識の開発といった印象があり、これを向上させることが直接に従業員の生産性を高める効果があるという議論が想定される。

だが、第4章での分析によれば、人材育成は、ワーク・エンゲージメントや自己効力感、企業理念への共感、次世代リーダーとしての自覚などのマインド面での向上を経由しないと、主体的な行動など従業員として望ましい行動にはつながらず、最終的に生産性向上にもつながらないということが明らかとなっている。

考えてみれば当たり前のことであろう。どんなに専門的なスキルや高度な知識を持っていても、企業理念に共感し、リーダーとしての自覚を持ち、仕事へのエンゲージメントが高く、必要な行動をうまく遂行できる自信がないと、企業にとって有益な行動をとらず、結果として、生産性も上がらないということだからである。

つまり、人材投資が効果を発揮するには、同時に働く人のマインド面への投資が大切なのである。いわば、ココロのマネジメント、ココロへの投資である。

もちろん、従業員のココロのマネジメントは、多くの企業が、既に行ってきたという評価もあろう。実際、これまでもわが国は、マインド面に大きな投資をしてきた。大企業に見られた手厚い福利厚生や雇用保障などは、働く人のココロを捉え、企業に対してのエンゲージメントを高めてくれるように促すための施策だったと考えることもできるだろう。

新たなマインド投資の方法

しかし、これからも同じようなやり方で働く人のマインドを企業に向け続けることができるのだろうか。序章でも述べたように、働く人の価値観やライフスタイルは大きく変化している。こうした変化によって、これまでのやり方ではココロを捉えられない可能性が出てきているのである。

例えば、長期的な雇用の保障というのは、ある一定の価値観を共有した人の組織エンゲージメントを上げるには有効だが、キャリア・オーナーシップの意識を強く持つ人材には、効果的な施策かは分からない。エンプロイアビリティ（雇用可能性）を高める人事施策などの方が、より有効かもしれない。

さらに、働く人のココロが多様化している。ワークライフバランスを重視する人が増えるなかで、働き方改革による労働時間の削減でチャレンジができなくなったと嘆く人もいる。例えば、ＨＲ総研による調査[3]（２０１８）では、自由記述で『『いま集中して多めに働きたい』という者の意欲を削ぐ」などの意見も数多く出ている。人材を活用するという視点では、何を大切にするのかという価値観の多様化は大きな課題を突き付ける。価値観の多様化とは、これまでの施策では数多くの人のココロを捉えることができなくなることを意味するからである。

結果として、わが国の企業は、重要な経営資産である働く人のマインドやココロを捉える方法を改革することが必要なのである。ただし、人材の多様化、特に価値観等の多様化のなかで、方向性は定まらない。何に投資をすべきかが決まらないのである。

再び、社員の選択がカギ

そうしたなかで、やはり答えの一端は、従業員自身による選択であろう。人材育成の改革でも重要だと主張したこのポイントは、ここでも重要である。企業側が従業員が何を求めているのかが把握できなければ、選択肢を用意して、自分で選ばせるようにする。

実際、インタビュー調査を行ったある日本のＩＴ系企業では、極めて細かい働き方の選択肢を用意し、それに対応できるような人材マネジメントや現場マネジメントを推進していた。結果は、離職率の大幅な低下であり、エンゲージメントの向上であった。

ただ、もちろん、選択をしてもらうには、一人ひとりが何を求めるかというキャリアプラン・人生プランを社員が持っていないと成立しない。そのため、従業員の自律化も重要な施策となる。言い換えれば、従業員が自律して、自分が働くうえで何を求め、何が要らないかを明確に意識することがないと、マインドへの働きかけは難しいということでもあ

3　ＨＲ総研（２０１８）

る。結局は、時間がかかっても従業員を、選択できる個として扱い、選択肢を与え続けるしか、究極的には、これからの働く人のココロを捉える方法はないと考えられる。印象論になるが、米国西海岸のような自律性が極めて高い状況になることがよいことかは分からない。しかし、前述の外部労働市場への開き方と同様に、本気の従業員自律を戦略的に進めていく時期なのだろう。自分のキャリアにオーナーシップを持ってもらいつつ、自社へのエンゲージメントを高めてもらう。大きなジレンマである。

4　組織開発の進展

前述のように、最近、組織開発という言葉を聞くことが多くなってきている。人事部にそうしたミッションを持たせる企業も増えてきたし、第5章でも紹介された中原・中村（2018）や中村（2015）など、適切なテキストも見られるようになってきた。

ただ、第5章の分析で最もショッキングだったのは、日本にある外資系企業の社員と比べて、日系企業の方が社員の参加経験の割合が統計的に有意に高かったのは、調査で挙げられた教科書的な組織開発活動15項目中、2項目だけだったという点である。それも福利厚生施設（社員食堂・社員寮など）の充実と、フォーマルな社員交流（社員総会・社員旅行・運動会など）の2項目である。

福利厚生施策の厚みは、企業規模などによる違いが大きく、わが国にある外資系企業は、規模が小さいことが多いので理解でき、また社員旅行などの活動については、わが国の企業が伝統的に行ってきた組織開発であり、多くの企業が実施していることは容易に想像できる。

対して、最近話題に上ることが多くなった「エンゲージメントサーベイの実施」「ダイバーシティの浸透活動」「オフィス環境の改善活動（フリーアドレスなど）」などの組織開発活動は、圧倒的に外資系企業で大きい結果であった。これらの組織開発活動は、比較的新しい進化形の組織開発活動である。

これまでの伝統的組織開発

この結果は、従業員アンケートにもとづいたものなので、企業が判断した場合の力の入れ方とは異なる可能性もあるが、とり方によっては、わが国企業は、序章で述べた「組織としてのまとまりやコミュニケーションの促進」といったやや伝統的な組織開発活動には熱心だが、新たな進化形の組織開発活動は熱心に行っていない結果とも解釈することができる。

もちろんこうした伝統的な組織開発活動は、多様性が高く、外部労働市場に開かれた労働者構成の下でももちろん重要である。単なる人の集まりにコミュニケーションを根づかせ、組織をつくっていくうえでは、当然必要な活動なのである。その意味で、例えば、社員旅行や運動会といったフォーマットが今後も適切かどうかは別として、こうしたメンバー間の人間関係を構築し、コミュニケーションをつくりあげる組織開発活動はこれからも重要だと考えられる。

こうした考えは、第5章第5節のタイトルでもある「組織開発は従業員が活躍するための舞台づくり」という言葉通りに、人材を育成し活躍してもらうには、それなりの場を整備しないとならないという意味で、人材育成の一部として、組織開発を捉えるべきであるという議論につながる。また、第5章に示された分析結果は、伝統的な組織開発活動は、従業員のエンゲージメントという観点でも、舞台づくり（組織の土台づくり）という観点でも、一定の効果のある経営活動であることも示唆されている。

今後必要な組織開発

だが、既に述べたように、現在わが国企業の職場は、過去にくらべて、過去の経験も意識や価値観も変化し多様な人材が働く場になっている。さらに直近の新型コロナウイルスの感染拡大は、物理的な職場が存在しない状況での働き方が、一定程度可能であることを証明してしまった。

組織開発を「従業員が活躍するための舞台づくり」と考えた場合、人材多様性が大きくなり、また内部労働市場が外部へ開かれた状況になるなかで、そうした舞台づくりまたは場づくりのための活動は、これまでの伝統的な組織開発活動だけでよいのであろうか。

意識や価値観の多様性が高まるなかでは、従業員がその会社で働き、その仕事をしていることをどう思っているのかが把握しにくくなり、エンゲージメントサーベイまたはそれに類するサーベイや調査等を行うことは必須になるだろうし、ダイバーシティの啓蒙活動を行って、職場のインクルージョンや心理的安全性を高めることも重要になるだろう。

さらに、外部労働市場からの採用が増加すると、組織文化の浸透や変革活動は、会社のメンバーが進むべき同じ方向性を共有するために必要だろう。またミレニアル世代やZ世代の働き手は、快適に働ける物理的なオフィスを望むかもしれない。

結果を見ると、わが国の企業はこうした新しいタイプの組織開発活動への投資が低いことが示唆されているのである。もしこの推測が正しいとすると、わが国の企業は、変化のなかで、多様な人材が活躍するための場を十分に提供できていない可能性があることになる。それは、組織開発と人材開発を一連の人材投資だと考えると、人材投資の失敗である。

今後、外部労働市場からの採用が増加し、個人の価値観などの多様性（「深層の多様性」とも呼ぶ）が高まり、社員の知識や経験も個別化するなかで、本書で述べたような新たなタイプの組織開発活動も取り入れていく必要性が高まるのは必至だろう。

だが、組織開発の実施にはコストがかかるので、いつ入れるかの判断は難しいかもしれない。人材の多様性や個別性が、それほど大きくない間は、新たな活動を導入する必要はないのかもしれない。しかし、近い将来は必要になるだろう。いつ導入するかを判断するのも、もう一つのジレンマである。

謝辞

本書を執筆するきっかけとなったのは、公益財団法人日本生産性本部の研究会活動であった。本書執筆陣をメンバーとして、日本の人材投資の実態と課題、今後のあるべき姿を検討してきたことがもとになっている。

流動化する労働市場や多様化する働き方といった外的な環境の変化のみならず、高い専門性を持つ人材をどう確保し、処遇していくべきかなど、今日の日本企業が目を向けなければならないことは変質しつつある。コロナ禍で働き方を変えざるを得なくなった企業も多く、それが人材投資や人材育成のあり方にも波及している。

コロナ禍が終息しても、そうした流れは変わらないだろう。画一的で対面を重視しながらスキルを上げていくことを念頭に置くこれまでの人材育成手法では、技術革新が急速に進展するなかでグローバルな企業活動を担うに足るだけの基盤を整えることが難しくなってきていると感じる人も多くなっている。スキルが陳腐化するスピードが速くなり、労働市場の流動性が高くなることを前提にすると、人材投資の方法論も否応なく変わらざるを得なくなる。

そうした問題意識から、本書では、日本の人材投資や人材育成の現状と課題を整理するとともに、日本企業がこれからどのように人材への投資をしていくべきかを提案している。多くの読者にとって、本書がそうした環境変化に向き合っていく際の一助になれば、大変幸いである。

なお、本研究にあたっては、研究会活動のみならず、国内外での企業ヒアリング調査や3度にわたる従業員アンケート調査などにおいて、公益財団法人日本生産性本部より多大なるご助力をいただいた。この場を借りてお礼申し上げたい。

また、コロナ禍が猛威を振るう時期に前後して、企業の人材投資・人材育成の実情や問題認識についてなど、数多くの企業の人事担当者の方から忌憚のないご意見をいただいた。コロナ禍が本格化する直前に米国西海岸で行った米国企業への調査でも同様である。あらためて深く感謝申し上げたい。本書の構成・執筆および出版に様々な助力をいただいた日経BPの堀口祐介氏にも、お礼申し上げる。

2023年1月

研究代表者　守島　基博

hler Publishers.（中村和彦訳（2018）『対話型組織開発——その理論的系譜と実践』英治出版）

Kryscynski, D., Coff, R. and Campbell, B. (2020) "Charting a path between firm-specific incentives and human capital-based competitive advantage." *Strategic Management Journal*, 42: pp. 386–412

Morrison, E W. and Phelps, C.C. (1999) "Taking charge at work: Extrarole efforts to initiate workplace change." *Academy of Management Journal*, 42: pp.403–419

Parker, S. K., Williams, H. M. and Turner, N. (2006) "Modeling the antecedents of proactive behavior at work." *Journal of Applied Psychology*, 91: pp. 636–652

Rich, B. L., LePine, J. A. and Crawford, E. R. (2010) "Job engagement: Antecedents and effects on job performance," *Academy of Management Journal*, 53: pp.617–635

Shimazu, A., Schaufeli, W. B., Kosugi, S., et al. (2008) "Work engagement in Japan: Validation of the Japanese version of Utrecht Work Engagement Scale," *Applied Psychology – An International Review*, 57: pp.510–523

Squicciarini M., Marcolin, L. and Horvát, P. (2015) "Estimating Cross-Country Investment in Training: An Experimental Methodology Using PIAAC Data," OECD Science, Technology and Industry Working Papers.

Warrick, D. D. (2005) "Organization development from the view of the experts," In Rothwell, W. J. and Sullivan, R. (Eds.) *Practicing organization development: A guide for consultants*, 2nd edit. San Francisco, CA: Pfeiffer: pp.164–187

Welbourne, T. M., Johnson, D. E. and Erez, A. (1998) "The Role-based Performance Scale: Validity Analysis of a Theory-based Measure," *Academy of Management Journal*, 41(5): pp.540–555

Zhang, X. and Bartol, K. M. (2010) "Linking empowering leadership and employee creativity: The influence of psychological empowerment, intrinsic motivation and creative process engagement," *Academy of Management Journal*, 53(1): pp.107–128

堀井摩耶，櫻井康彰（2020）「The future of work in Japan　ポスト・コロナにおける『New Normal』の加速とその意味合い」McKinsey & Company（https://www.mckinsey.com/~/media/mckinsey/locations/asia/japan/our%20insights/future%20of%20work%20in%20japan/future%20of%20work%20in%20japan_v3_jp.pdf）
マイケルズ，エド，ハンドフィールド＝ジョーンズ，ヘレン，アクセルロッド，ベス（2002）『ウォー・フォー・タレント――〝マッチンゼー式〟人材獲得・育成競争』渡会圭子訳、翔泳社
マイナビ・キャリアリサーチLab（2022）「転職動向調査　2022年版」（https://career-research.mynavi.jp/reserch/20220325_25056/）
水本篤，竹内理（2008）「研究論文における効果量の報告のために――基礎的概念と注意点」『英語教育研究』31, pp.57–66
村田啓子，堀雅博（2019）「賃金プロファイルのフラット化と若年労働者の早期離職」RIETI Discussion Paper Series 19-J-028
村田ひろ子（2018）「何が仕事のストレスをもたらすのか――ISSP国際比較調査『仕事と生活（職業意識）』から」『放送研究と調査』2018年3月号（https://www.nhk.or.jp/bunken/research/yoron/20180301_7.html）
森川正之（2018）「企業の教育訓練投資と生産性」RIETI Discussion Paper Series 18-J-021
守島基博（2021）『全員戦力化　戦略人材不足と組織力開発』日本経済新聞出版
ランスタッドワークモニター（2022a）「2021年第2版レポート」
――（2022b）「2022年初版レポート」
リクルート（2022）『人的資本経営の潮流と論点　2022』レポート
リクルートワークス研究所「全国就業実態パネル調査（JPSED）」
労働政策研究・研修機構（2021）「人材育成と能力開発の現状と課題に関する調査（企業調査）（労働者調査）」調査シリーズ　No.216, 217
HR総研（2018）「『働き方改革』実施状況調査（第2回）」（https://www.hrpro.co.jp/research_detail.php?r_no=197）

Chen, G., Gully, S. M., and Eden, D. (2001) "Validation of a new general self-efficacy scale," *Organizational Research Methods*, 4(1): pp.62–83
Gervase, R. Bushe, and Robert, J. Marshak (2015) *Dialogic Organization Development: The Theory and Practice of Transformational Change*, Berrett-Koe-

滝澤美帆（2022）「日本の人的資本について」『日本経済新聞』2022年8月31日付朝刊
舘野泰一，中原淳，木村充，保田江美，吉村春美，田中聡，浜屋祐子，高崎美佐，溝上慎一（2016）「大学での学び・生活が就職後のプロアクティブ行動に与える影響」日本教育工学会論文集，40(1), pp.1–11
帝国データバンク（2022）「人手不足に対する企業の動向調査」（https://www.tdb-di.com/special-planning-survey/sp20220829.php）
デロイトトーマツグループ（2020）「ミレニアル年次調査2020年版」
内閣府（2018a）経済財政報告（経済財政白書）2018年度版」
——（2018b）「企業による人的資本投資の特徴と効果」経済財政分析ディスカッション・ペーパー　DP/18–2
——（2019）「年次経済財政報告——『令和』新時代の日本経済」
中原淳，中村和彦（2018）『組織開発の探究——理論に学び，実践に活かす』ダイヤモンド社
中村和彦（2015）『入門　組織開発——活き活きと働ける職場をつくる』光文社
日本経済団体連合会（2020）「人材育成に関するアンケート調査結果」
日本生産性本部（2018）「2018年度　新入社員　春の意識調査」（https://www.jpc-net.jp/research/detail/002766.html）
——（2020）「日本企業の人材育成投資の実態と今後の方向性——人材育成に関する日米ヒアリング調査およびアンケート調査報告」『生産性レポート』Vol.17
——（2021）「労働生産性の国際比較」
——（2022）「第11回 働く人の意識調査」
野尻賢司（2007）「外資系企業の行動規範および流動的労働市場における人事戦略」『日本労働研究雑誌』No.565, pp.54–60
パーソル総合研究所（2019）「中間管理職の就業負担に関する定量調査」2019年10月31日（https://rc.persol-group.co.jp/thinktank/data/middle-management.html）
——（2020）「新型コロナウイルス対策によるテレワークへの影響に関する緊急調査」第1～4回
萩原真紀子（2019）「社会人の学び」を解析する——自己学習の実態，要因と効果，『Works Review（「働く」の論点）』pp.98–103（https://www.works-i.com/research/works-review/2019.html）

【参考文献】

尾形真実哉（2022）『組織になじませる力——オンボーディングが新卒・中途の離職を防ぐ』アルク出版

小川憲彦（2012）「組織社会化戦術とプロアクティブ行動の相対的影響力——入社1年目従業員の縦断的データからドミナンス分析を用いて」法政大学イノベーション・マネジメント研究センター，ワーキングペーパーシリーズ，121, pp.1–40

企業活力研究所編（2022）「2021年度 人材研究会 報告書『経営戦略を支える人事部の新たな役割に関する調査研究』」（https://www.bpfj.jp/report/human-resources_r03/）

キャペリ，ピーター（2001）『雇用の未来』若山由美訳、日本経済新聞社

権赫旭，金榮愨，牧野達冶（2012）「企業の教育訓練の決定要因とその効果に関する実証分析」RIETI Discussion Paper Series 12-J-013

経済産業省（2022）「越境学習によるVUCA時代の企業人材育成　経済産業省『未来の教室』事業　社会課題の現場への越境プログラム」（https://www.learning-innovation.go.jp/recurrent/）

厚生労働省（2019）「平成30年度能力開発基本調査」

——（2020）『令和2年版 厚生労働白書——令和時代の社会保障と働き方を考える』

——（2021a）「雇用動向調査」

——（2021b）報道発表資料「新規学卒就職者の離職状況を公表します」2021年10月22日（https://www.mhlw.go.jp/content/11652000/000845829.pdf）

——（2021c）「令和2年雇用動向調査結果の概況」（https://www.mhlw.go.jp/toukei/list/9-23-1.html）

——（2021d）「能力開発基本調査」

国税庁「民間給与実態統計調査」

国土交通省（2019）「テレワーク人口実態調査」

総務省（2020）「令和元年通信利用動向調査」

総務省統計局（2021）「労働力調査」

高尾義明・王英燕（2012）『経営理念の浸透——アイデンティティ・プロセスからの実証分析』有斐閣

【著者略歴】

守島 基博（もりしま・もとひろ、序章・第1章・終章担当）

学習院大学経済学部経営学科教授、一橋大学名誉教授
1986年米国イリノイ大学産業労使関係研究所　博士課程修了。人的資源管理論でPh.D.を取得後、カナダ国サイモン・フレーザー大学経営学部Assistant Professor。慶應義塾大学総合政策学部助教授、同大大学院経営管理研究科助教授・教授、一橋大学大学院商学研究科教授を経て、2017年より現職。厚生労働省労働政策審議会委員、中央労働委員会公益委員などを兼任。2020年より一橋大学名誉教授。
主な著書に『人材マネジメント入門』『人材の複雑方程式』『全員戦力化　戦略人材不足と組織力開発』（以上、日本経済新聞出版）、『人事と法の対話』（共著、有斐閣）などがある。

初見 康行（はつみ・やすゆき、第3章・第4章・第5章担当）

多摩大学経営情報学部准教授
同志社大学文学部卒業。株式会社リクルートHRマーケティングにて法人営業、人事業務に従事。一橋大学大学院商学研究科博士後期課程単位取得退学。2017年一橋大学博士（商学）。いわき明星大学（現：医療創生大学）准教授を経て、18年より現職。専門は人的資源管理。主な著書に『若年者の早期離職』（中央経済社）などがある。

山尾 佐智子（やまお・さちこ、第2章・第3章担当）

慶應義塾大学大学院経営管理研究科准教授
津田塾大学国際関係学科卒。神戸大学大学院国際協力研究科（経済学）、英国マンチェスター大学ビジネススクール（国際経営論）の修士課程を経て、豪州モナッシュ大学にて経営学Ph.D.を取得。2009年豪州メルボルン大学レクチャラー、16年同大学シニアレクチャラー。17年より現職。専門は国際人的資源管理論。主な論文に「グローバル人材とそのマネジメント――国際人的資源管理研究から得られる知見」『一橋ビジネスレビュー』2021年夏号（東洋経済新報社）などがある。

木内 康裕（きうち・やすひろ、第1章担当）

公益財団法人日本生産性本部生産性総合研究センター上席研究員
立教大学大学院経済学研究科修了。政府系金融機関勤務を経て、日本生産性本部入職。生産性に関する統計作成・経済分析が専門。労働生産性の国際比較分析などのほか、アジア・アフリカ諸国の政府機関などに対する技術支援も行っている。
主な著書に『新時代の高生産性経営』（分担執筆、清文社）、『PX：Productivity Transformation［生産性トランスフォーメーション］』（分担執筆、生産性出版）などがある。

人材投資のジレンマ

2023年2月17日　1版1刷

著　者　守島基博・初見康行・山尾佐智子・木内康裕

発行者　國分　正哉

発　行　株式会社日経BP
日本経済新聞出版

発　売　株式会社日経BPマーケティング
〒105-8308　東京都港区虎ノ門4-3-12

装　丁　野網雄太

ＤＴＰ　CAPS

印刷・製本　中央精版印刷

本書籍に関するお問い合わせ、ご連絡は下記にて承ります。
https://nkbp.jp/booksQA

Printed in Japan　ISBN978-4-296-11713-0